Bewußt-Sein

Smaragd Verlag

Dion Fortune

DURCH DIE TORE DES TODES INS LICHT

Aus den Englischen
von
O.M.N. Boicenco und Regine Hellwig

Lektorat Regine Hellwig
Originaltitel „Through the Gates of Death"
Originalverlag Thorsons Publishing Co. Ltd., Northants, UK
© Society of the Inner Light, 1987
© der deutschen Fassung Smaragd Verlag, Neuwied
Umschlagphoto von edition fotografica, Nora Kircher
Deutsche Erstauflage August 1990
Smaragd Verlag, Mara Ordemann, Neuwied
Druck: Fuldaer Verlagsanstalt
Satz: Pro Publishing Service GmbH, Jüchen
ISBN 3-926374-29-2
3 4 5 6 / 00 98 96 94

Inhalt

1

DER GROSSE ANÄSTHESIST

Tod ist eine universelle Erfahrung. Niemand entrinnt ihm. Er trifft jeden von uns und alle, die wir lieben – es ist nur eine Frage der Zeit. Und doch wird der Tod ‚König des Schreckens' genannt. Warum verursacht ein natürlicher Prozeß solche Ängste? Ist es der Todesschmerz? Wohl kaum, denn schmerzstillende Mittel können ihn lindern. Die meisten Sterbenden scheiden in Frieden, wenn ihre Zeit gekommen ist, und nur wenige Seelen verlassen den Körper in heftigem Kampf. Was also fürchten wir?

Zwei Dinge vor allem: Das Unbekannte –

„Welche Träume mögen uns im Schlaf des Todes begegnen Wenn wir die irdische Hülle abgestreift?" –

– und die Trennung von denen, die wir lieben.

Das größte Geschenk der griechischen Mysterien an ihre Eingeweihten war, daß sie ihnen die Angst vor dem Tod nahmen. Es heißt, keiner von denen, der durch die Initiation gegangen war, also zu den Eingeweihten gehörte, habe den Tod gefürchtet. Warum?

Im Zentrum der Großen Pyramide von Gizeh steht ein leerer Steinsarg. Die Ägyptologen behaupten, er wäre für einen Pharao bestimmt gewesen, der ihn dann nicht gebraucht habe. Andere sagen, er sei ein Kornmaß gewesen. Keines von beiden trifft zu: es war der Altar des Initiationsraumes. Er barg den Kandidaten, während seine Seele auf die Reise in den Tod gesandt und wieder zurückgerufen wurde. Das war der höchste Einweihungsgrad der Mysterien. Nach dieser Erfahrung brauchte der Eingeweihte den

Tod nicht mehr zu fürchten, denn er wußte, was Tod bedeutete.

Dieses geheime Wissen der Mysterien werde ich hier weitergeben. Derjenige, der dieses Wissen besitzt, gehört zu den ‚Reichen' und geht wohlvorbereitet auf die Reise! Er scheidet freiwillig, er weiß, wohin er geht, und er kennt die Notwendigkeit und Vorteile dieser Reise. Er kann sozusagen bequem und sicher reisen. Er kann die Verbindung zu seinen Freunden aufrechterhalten und nach Belieben zu ihnen zurückkehren. Für ihn ist die Trennung nicht endgültig.

Ganz anders der ‚Arme', der sich ohne dieses Wissen auf den Weg macht. Er fühlt sich hilflos, die Reise erscheint ihm voller Wagnisse und Gefahren. Er sieht sich schon im neuen Land angekommen, von wilden Tieren umringt, auf einem von Vulkanstößen erschüttertem Boden stehend. Seine Phantasie malt ihm ein Bild des Schreckens. Die alten Ägypter legten in jeden Sarg das sogenannte Totenbuch, das Ritual des Osiris in der Unterwelt, das im Reich der Schatten der Seele als Führer dienen sollte. Dieses Totenbuch müßte eigentlich das ‚Buch des Ewigen Lebens' genannt werden, denn die Seele durchläuft in dem Lebenszyklus, der sich im Unbekanntenn abspielt, verschiedene Stadien.

Von Kindheit an sollten wir lernen, das Leben ganz anders zu sehen: wie ein Boot, das auf den Wellen reitet, mit ihnen steigend und fallend. Es fällt durch die Geburt in die Materie und steigt durch den Tod wieder in die unbekannte Welt, in ewigem Wechsel, im rhythmischen Zyklus von Ebbe und Flut der Evolution.

Für alle, die diese Lehre nicht kennen, ist das Leben nur die Zeitspanne zwischen dem Entsetzen der Geburt und dem Grauen des Todes. Wie groß ist das Geschenk dieser wohlgehüteten Weisheit, die uns auf den richtigen Weg bringt, auf dem sich das Leben voll vor unseren Füßen entfaltet und das Unbekannte seiner Schatten beraubt.

Vergessen wir den Knochenmann mit der Sense, stellen wir uns den Tod als den Großen Anästhesisten vor, der uns auf Gottes Geheiß in tiefen Schlaf versetzt, während sich die Silberschnur löst und die Seele frei wird.

Aus diesem Schlaf erwachen wir erfrischt. Die irdischen Probleme liegen weit hinter uns, wie die Erinnerungen eines kleinen Kindes an den gestrigen Tag – und so beginnen wir eine neue Phase unserer Entwicklung. Wir können uns glücklich schätzen, wenn uns die Freunde ziehen lassen und die Seele ungehindert heimgehen kann. Schlecht ist es für die Seele, wenn die Trauer derer, die sie verlassen hat, den hellen, wiedererwachenden Morgen überschattet. Bei Krankheit glauben wir, von unseren Nächsten Pflege erwarten zu können. Warum dürfen wir sie nicht auch bitten, in ihrem Leid Maß zu halten? Es ist ihr Leid, nicht das unsere. Für wen trauern wir bei einem Begräbnis? Für den Toten? Oder für uns, die wir uns verlassen fühlen? Ohne Zweifel trifft letzteres zu, denn der Tote hat es gut: Er ist in Frieden heimgekehrt.

Es sind also die Verlassenen, die leiden und nicht die, die uns vorausgehen, und dieses Leid muß, wie aller Schmerz, mit Würde ertragen werden, ganz besonders in diesem Fall, denn die möglichen Folgen treffen nicht nur uns, sondern auch andere. Wie ein Mühlstein hängt diese Trauer am Hals der Seele, die sich auf kräftigen Schwingen im Aufwind erheben will. Gedanken der Liebe und nicht der Trauer sollten der Seele auf ihrer Reise folgen wie die Möwen einem Schiff. Wir wollen dem Scheidenden Mut und Glück auf seinem Weg wünschen, denn wir können uns auf ein Wiedersehen freuen.

Wenn der Sarg aus dem Haus getragen und das Krankenzimmer aufgeräumt ist, gibt es für die Hinterbliebenen ohnehin genug zu tun, ihre Arbeit ist noch nicht zu Ende. War der Tote mit den wohlgehüteten Geheimnissen besser vertraut als wir, kommt er vielleicht zurück, um uns zu helfen und zu trösten. Wenn wir jedoch mehr wissen als der Tote, wenn seine Seele in Furcht und Verwirrung wegging, oder wenn es die Seele eines Kindes ist, dann ist es unsere Pflicht, die Seele so weit zu begleiten, bis wir die Gegenwart der Engel fühlen (darüber später mehr) und wissen, daß sie in deren Obhut ist.

Auf unser Bitten kommt der Engel, der den geliebten Schlaf bringt, den tiefen Schlaf, der die überfällt, die die Totenwache halten, und der kein gewöhnlicher Schlaf ist. Dieser Schlaf bringt uns Frieden und ein fröhliches Erwachen, hat er uns doch erlaubt, durch das halbgeöffnete Tor zu schauen und zu erkennen, daß jenseits der Schwelle weder Schrecken noch Vergessen herrschen, sondern eine andere Welt liegt, eine neue Phase des Lebens.

Dieser Schlaf, den der Engel des Todes denen schenkt, die er liebt, bringt, auch wenn wir uns an das, was wir gesehen haben, nicht mehr erinnern, Gewißheit und Zuversicht. Wir wollen daher den Großen Anästhesisten um diese kleine Gnade bitten, damit wir die Zerreißprobe der ersten Trennung besser überstehen und die Bürde des Lebens leichter auf uns nehmen und uns denen widmen können, die uns geblieben sind, und die uns brauchen.

Vergessen wir vor allem nicht: Die Toten kommen zurück. Vielleicht schaut uns eines Tages aus den Augen eines kleinen Kindes eine Seele an, die wir gekannt haben. Anstatt dem Toten nachzutrauern, wollen wir mit unserer Liebe die Welt für die Wiederkehr derer vorbereiten, die von uns in Liebe gegangen sind. Das ist der wahre Liebesdienst, den wir ihnen erweisen können.

2

DIE SCHWELLE

Wenn die Möglichkeiten der Medizin erschöpft sind, und die Menschen im Sterbezimmer stehen und auf das Ende warten, überkommt sie ein überwältigendes Gefühl der Hilflosigkeit. Sie möchten helfen, wissen aber nicht, wie. Religion mag für jene ein Trost sein, für die das Leben nach dem Tod Wirklichkeit ist; für viele jedoch ist es nur eine vage Hoffnung, und einige leugnen es sogar völlig. Was haben wir diesen Menschen zu sagen?

Wir können ihnen das Wissen vermitteln, das aus der Erfahrung vieler Seelen stammt, die über die große Schwelle gegangen und zurückgekehrt sind, um uns davon zu berichten. Auch aus der Erfahrung von andern, die vielleicht weniger zahlreich, aber unserer Meinung nach beweiskräftiger sind: von denen, die sich an ihre früheren Leben erinnern. In Europa gilt dies nur für wenige Erwachsene, wohl aber viele Kinder, wenn wir sie behutsam danach fragen, bevor die Welt der Materie sie das früher Erlebte vergessen läßt. In den Ländern der östlichen Hemisphäre sind diese Erinnerungen nichts Besonderes.

Dieses Wissen um das ewige Leben der Seele kann dem Zweifler Mut und Trost spenden und gibt uns die Chance zu aktiver Hilfeleistung. Jetzt stehen wir nicht mehr mit leeren Händen am Sterbebett. Es sind zwar nicht so sehr unsere Hände, die gebraucht werden, sondern unser Geist, und wir sollten uns bereitmachen, unsere Freunde auf dem ersten Stück zu begleiten. Wir können sie im wörtlichen Sinn ‚auf den Weg bringen', so wie wir Gäste verabschieden.

Aber bevor ich genauer beschreibe, was wir wirklich tun können, müssen wir verstehen, was vor sich geht, wenn sich die Seele vom Körper trennt.

Es gibt zwei Arten von Tod, den natürlichen Tod und den gewaltsamen Tod; und es gibt auch zwei Arten von Sterben: das sanfte, friedliche Sterben – das ist das normale; und das nicht-friedliche Sterben, das als krankhaft anzusehen ist. Sterben ist wie Geborenwerden ein natürlicher Prozeß und hat seine Regeln und seine Ausnahmen.

Der Tod, der allmählich eintritt, ist der natürliche. Die Seele löst sich, bevor sie endgültig Abschied nimmt, so unmerklich vom Körper, wie sich die Milchzähne eines Kindes lockern, bis sie schließlich schmerzlos ausfallen. Gewaltsamer Tod aber ist wie Zahnziehen: ein Ruck, ein Schreck, Blut, Schmerz. Normalerweise jedoch verrichtet der ,Große Anästhesist' seine Arbeit geschickt und schnell, und sobald sich der erste Riß zwischen Körper und Seele auftut, legt sich der Große Schlaf über uns und mit ihm das Vergessen. Große Todesangst hingegen oder ein verzweifeltes Festhalten am Leben erschwert die Arbeit des Großen Anästhesisten, und die Seele trennt sich in heftigem Todeskampf.

Dies sollte nie geschehen, und braucht auch bei denen nicht zu geschehen, die um den Vorgang des Sterbens und das Leben nach dem Tode wissen. Der Sterbende sollte sich dem ,Barmherzigen Engel' mit Zutrauen und Dankbarkeit hingeben, so wie er sich dem Arzt anvertrauen würde, der das Bewußtsein des Patienten durch die Narkose vor dem Werk des Chirurgen schützt. Sobald das Betäubungsmittel seine barmherzige Arbeit beginnt, schwinden Angst und Schmerz. Der Patient schläft. So ist es auch mit dem Tod. Der 'Dunkle Engel' schließt ein Tor des Bewußtseins nach dem andern, wir ruhen in uns selbst und schlafen, während die Trennungsprozesse von Körper und Seele vor sich gehen. Wenn alles vorüber ist, und wir vom Körper befreit sind, öffnet der Engel auf einer höheren Ebene wieder alle Tore des Bewußtseins. Wir sind dem Leben wiedergegeben, wenn auch in einer anderen Dimension. Vielleicht fällt es uns zuerst schwer, die Art dieses neuen Lebens zu erkennen, in dem wir die Augen öffnen. Vorstellen können wir es uns zu Lebzeiten kaum, aber gewiß ist, daß wir, wenn wir im Jenseits wieder erwachen, alles so normal und natürlich vorfinden werden wie in unserem Erdenleben, weil wir von früher bereits damit vertraut sind.

So ruhig und sicher wie ein großes Schiff in See sticht, wird die Seele, die dem Tod mit Vertrauen entgegensieht und dankbar die Dienste des ‚Grauen Engels' annimmt, Zeit und Raum hinter sich lassen. Die Veränderung vollzieht sich allmählich, es gibt nichts Unerwartetes, keinen Schock, und wenn das alte Ufer langsam verschwindet, taucht am Horizont schon das neue auf.

Unmerklich haben wir uns vom Körper entfernt. Das Unterbewußtsein liegt in tiefer Narkose. Das höhere Bewußtsein öffnet sich und wir finden uns in dem Stadium wieder, das viele Namen hat. Wir wollen es ‚Lichtkörper' nennen. Das hat nichts mit der Aura zu tun, dem subtilen oder magnetischen Aspekt des grobstofflichen Körpers, denn dieser schläft unter der Narkose des ‚Grauen Engels': In ihm geht der physische Tod vor sich. Aber wir nehmen dies nicht bewußt wahr, so wie wir in Narkose nichts von der Operation spüren.

Nicht jeder, der durch die Tore des Todes geht, fällt in tiefen Schlaf. Höher entwickelte Seelen gehen in vollem Bewußtsein hindurch. Auch wenn der grobstoffliche Körper nichts mehr fühlt, heißt das noch nicht, daß die Seele ihr Bewußtsein verliert. Wer je einen Trancezustand erlebt hat, weiß, daß das Bewußtsein vom Körper auf die Seele übergeht und voll erhalten bleibt. Dasselbe geschieht im Tod: Die Seele nimmt auf ihrer Reise das Bewußtsein zu dem ihr bestimmten Ort auf den Inneren Ebenen mit.

Wird sich die Seele nicht einsam und verlassen fühlen, wenn sie in der jenseitigen Welt ankommt? Alle, die zurückgekommen sind – und es sind ihrer viele – verneinen das. Die jenseitige Welt ist dem Neuankömmling wohlvertraut, und deshalb besucht er sie jede Nacht im Schlaf!

Das Schlaf-Leben der Seele ist dem Durchschnittsmenschen nicht bewußt, weil er sich nach dem Erwachen nicht daran erinnert. Es liegt jenseits des Traumbereichs, der sich im Unterbewußtsein abspielt, und die wenig entwikkelte Seele schläft fest, während sie den Körper verläßt, oder ist im besten Fall schläfrig und schwer aufzuwecken. Nur wenn die Seele erwacht und auf dieser Ebene zu Bewußtsein kommt, entstehen diese Träume, die keine normalen Träume sind, und von denen viele Menschen berichten.

Der spirituell entwickelte Mensch hat, wenn seine Zeit gekommen ist, anderen gegenüber einen großen Vorteil, denn er geht in vollem Bewußtsein hinüber. Er schläft nicht den Schlaf des Todes, sondern verliert nur auf der körperlichen Ebene das Bewußtsein und behält all seine Fähigkeiten. Wer einen Trancezustand mit Erinnerung oder einen luziden Traum erlebt hat, ist gestorben und wieder auferstanden, und der Tod wird für ihn nichts Fremdes sein.

Doch selbst wenn uns die neue Welt wie ein Haus aus früher Kindheit wohl vertraut vorkommt – wir bekommen trotzdem Hilfe – von körperlosen Seelen, die sich dies zur Aufgabe gemacht haben. Sie heißen uns willkommen und begleiteten uns, bis wir uns wieder zu Hause fühlen.

Viele Sterbenden sehen ein helles Licht und erkennen die Gesichter von Freunden und Verwandten, die vor ihnen ins Jenseits gegangen sind. Verbindet zwei Seelen, die an den beiden Ufern des Todes stehen, ein starkes Band der Liebe, wird der Neuankömmling am jenseitigen Ufer von der ihm vertrauten Seele empfangen. Es ist ein ungeheurer Trost zu wissen: Mit dem Verlassen der diesseitigen Welt zeichnet sich die Küste der jenseitigen Welt am Horizont des Bewußtseins ab und alle, die uns geliebt haben und vor uns in die unbekannte Welt hinübergegangen sind, warten am anderen Ufer auf uns.

Aber was ist mit denen, die zu der anderen Welt keine Verbindung haben? Werden sie allein gelassen? Nein. Sie werden von denen empfangen, die auf Erden keine Erwiderung ihrer Liebe erfahren haben und die jetzt ihre Liebe in den Dienst aller stellen. Die Freundlosen werden von denen empfangen, die während des physischen Leben ihr Ideal, das jeder Seele als das edelste Ziel vor Augen schwebt, erreicht haben, auch wenn vielleicht nur dumpf ahnend. Mit ihrer Hilfe geht die Seele an ihre neuen Aufgaben und ihrer Vervollkommnung entgegen.

3

HELFEN ODER HINDERN?

Gibt es Kontakt zu den Verstorbenen? Eine schwierige Frage. Bei dieser Frage scheiden sich die Geister. Die einen verneinen jede Möglichkeit und behauptet, daß alle ‚Kontakte' auf Betrug, Täuschung und Gutgläubigkeit beruhen. Die anderen lassen die Möglichkeit zu, nennen sie aber Nekromantie und verurteilen sie scharf. Mittlerweile gibt es aber immer mehr Menschen, die nach dem Verlust eines geliebten Menschen zu einem Medium Zuflucht nehmen, das ihnen als Verbindung (quasi als mediales Telefon) zwischen der diesseitigen und der jenseitigen Welt dienen soll.

Alle, die darin Erfahrung haben, sind sich einig, daß Kommunikation mit den Verstorbenen nicht unbedingt und unter allen Umständen zu verurteilen ist, aber sie muß mit Vorsicht und unter sorgfältig ausgesuchten Bedingungen geschehen. Ein Zustand extremer Trauer und heftiger emotionaler Erregung ist keinesfalls eine gute Voraussetzung für einen Versuch. Manchmal sind die Hinterbliebenen in solch einem desolaten Zustand, daß es für den Verstorbenen besser ist zurückzukommen und die gewünschte Bestätigung zu geben. Aber er bringt damit ein Opfer.

Für eine Seele, die eben im Begriff ist, sich ganz zu lösen, bringt dieses egoistische, wenn auch unbewußte Klammern große Unruhe mit sich und hindert sie daran, sich in ihrem neuen Leben zurechtzufinden – ein ähnliches Verhalten wie das einer besorgten Mutter, die ihr Kind in eine Internatsschule geschickt hat, aber ständig anruft und über den Abschied und ihre Einsamkeit jammert. Wie würde ein solches Kind reagieren? Es würde weder an seinen neuen Gefährten noch an Spiel, Sport oder Unterricht Gefallen finden. Wenn wir immer wieder die Verstorbenen durch ein Medium zurückrufen, dann handeln wir genau so unweise und selbstsüchtig wie diese törichte Mutter.

Sobald dieses Leben endet, beginnt das nächste, und die Toten haben ihre eigenen Aufgaben. Wir müssen sie dabei frei und eigenständig handeln lassen.

Wie wir aus den Kontakten mit Verstorbenen wissen, sind diese kurz nach dem Übergang noch eine Weile für uns erreichbar. Nach einer gewissen Zeit scheinen sie in eine weiter entfernte Dimension zu entschwinden, und eine Verbindung ist nicht mehr möglich. Wenn wir sie immer wieder zurückrufen, gelingt ihnen der Übergang nicht und sie werden erdgebunden. Der Sterbevorgang bleibt unvollständig, und sie finden keine Ruhe. Es kann also gerechtfertigt oder sogar angemessen sein, mit den unmittelbar Verstorbenen wieder Kontakt aufzunehmen, aber es ist in keiner Weise wünschenswert, diesen Kontakt ungebührlich lange zu erhalten. Eine kurze Botschaft vom anderen Ufer: ‚Gut angekommen' sollte uns genügen.

Der Zustand, den die Toten unmittelbar nach dem Verlassen des Körpers annehmen, ist ein Zwischen- und Übergangsstadium, in dem gewisse Anomalien vorkommen können. Seelen, bei denen nicht alles richtig gelaufen ist, werden hier aufgehalten und müssen auf die Lösung ihrer Probleme warten. Normalerweise läßt die Seele diese Phase schnell hinter sich. Verzögerung ist hier ganz und gar nicht erwünscht. Die Reise sollte im Gegenteil schnell und sicher vor sich gehen. Die Katholische Kirche unterstützt dies mit Totenmessen.

Unser Dienst am Toten ist keineswegs zu Ende, wenn die Bestattungszeremonien vorüber sind, aber der Trost, den viele in der Religion finden, kann ihn in dieser Übergangsphase begleiten, bis er in seinem neuen Leben Fuß gefaßt hat und keinerlei Bindung mehr an das Irdische hat.

Dieses Übergangsstadium zwischen Leben und Tod hat nichts mit dem Läuterungsprozeß zu tun. Es ist eher ein Platz, wo die Seele, wenn sie an Land geht, ihr Reisegepäck abstellt und ihre Freunde begrüßt. Das Läuterungsfeuer könnte als eine Art seelischer Quarantäne bezeichnet werden. Erst wenn sich das Bewußtsein an das körperlose Leben gewöhnt hat, geht die Seele weiter und der Reinigung entgegen. Es muß klargestellt werden, daß der Läuterungsprozeß kein strafendes Fegefeuer ist, es ist ein vorübergehender Zustand und zwingt die Seele, sich mit ihrer eigenen Vergangenheit auseinanderzusetzen. Die darauffolgenden Reaktionen der Seele haben die Wirkung eines reinigenden Feuers. Ich wiederhole: das Läuterungsfeuer ist kein Ort, sondern ein Bewußtseinszustand. Aber weil sich auf den Inneren Ebenen alle Seelen zusammenfinden, die dieselbe Wellenlänge haben, ist das Läuterungsfeuer doch eine Art astraler Ort.

Während die Seele den Läuterungsprozeß erlebt, bricht die Verbindung zu dieser Welt ab. Um durch die reinigenden Feuer gehen zu können, muß sich jede Seele dem großen Schweigen stellen. Niemand kann ihr helfen. Sie muß ihren Weg alleine beschreiten – im Schein ihres eigenen Lichts. Nur so kann sie lernen. Genauso, wie wir für einen andern Menschen nicht essen können, so wenig können wir für ihn lernen. Jetzt müssen wir die, die wir lieben, den Hütern des Karma übergeben. Zum Trost sei uns gesagt, daß die Seele nicht zerbrechen, sondern vollkommener werden soll; nichts wird ihr auferlegt, was sie nicht ertragen oder verkraften kann, nichts, was sie nicht zum Guten wenden kann.

Der Okkultist kann die katholische Lehre, daß die Totenmesse einer Seele im Läuterungsfeuer hilft, nicht nachvollziehen. Nach seiner Auffassung erleichtern die Gebete der Priester und der Freunde der Seele die Arbeit in der Übergangsphase. Nach diesem Zwischenstadium findet die Seele ihren Platz im großen Lebenszyklus der Inneren Ebenen und ist umhegt und umsorgt.

Nachdem die Seele durch das Läuterungsfeuer hindurchgegangen ist, ist die Wiederaufnahme des Kontaktes nicht nur möglich, sondern berechtigt, sofern wir die richtige Methode anwenden. Wenn es uns möglich ist, mit unserem Bewußtsein die höheren seelischen Ebenen zu erreichen, können wir aus eigener Willenskraft in telepathische Berührung mit den Verstorbenen kommen und mit unserem inneren Ohr ihre Stimme vernehmen. Wir sollten nicht versuchen, sie durch das Innere Auge als Vision zu sehen, denn das entspräche einer niederen Ebene der Astralwelt, die nun nicht mehr der Aufenthaltsort der reingewaschenen Seelen ist. ‚Hellhören' ist die richtige Methode für eine Verbindung mit der geistigen Welt.

Wichtig zu erwähnen ist, daß ein Medium die geistige Welt immer aus zweiter Hand zu ‚sehen' scheint. ‚Man' beschreibt sie ihm, es sieht sie nicht selbst. Ausnahmen sind außerordentlich begabte Medien oder außerordentliche Umstände. Die Verstorbenen als Vision des inneren Auges zu sehen heißt, daß sie sich noch im Zwischenbereich befinden. Einmal im geistigen Reich angekommen, sind sie, wenn sie Kontakt mit uns aufnehmen, nicht mehr zu sehen, sondern nur noch zu hören. Wenn wir also mit ihnen in Verbindung treten wollen, müssen wir unsere Ohren und nicht unsere Augen schulen, und dann ist es nicht unmöglich, daß uns eine leise innere Stimme ein Wort des Grußes überbringt. Ist der Kontakt erst einmal hergestellt, fühlt man unter Umständen die Gegenwart eines anderen Wesens so deutlich, daß man meint, es mit der Hand berühren zu können; wenn wir dann die Augen öffnen, ist niemand da.

Auf ihrer Ebene sind die Toten geistige Wesen ohne Körper, und wenn sie zu uns sprechen, dann sprechen sie unsere geistigen, und nicht unsere körperlichen Sinne an. Das heißt, es ist nicht das Auge, das sie wahrnimmt, sondern die Intuition.

Es ist gut und richtig, daß normalerweise der Kontakt zwischen den Lebenden und den Toten über die Intuition hergestellt wird, denn das nimmt dem Tod den Schrecken. Wir sollten begreifen, daß die Toten in einem anderen Bewußtseinszustand leben und nicht an einem andern Ort. Falls es uns gelingt, uns auf ihre Wellenlänge einzuschalten, können wir sie hören und mit ihnen sprechen. Allerdings ist es viel leichter, mit ihnen zu sprechen als sie zu hören, denn die Toten haben keinen Körper und sind daher mediale Wesen. Deshalb müssen wir mit unseren Gedanken an die Toten vorsichtig umgehen und vor allem versuchen, unsere Trauer zu überwinden und die Trennung anzunehmen. Warum sehen wir unseren Toten nicht wie einen Auswanderer, der in einem fremden Land jenseits des Meeres sein Glück suchen? Ihm – sei er Sohn oder Geliebter – würden wir ein ermunterndes Wort schicken, um ihm für sein fernes Unternehmen Mut zu machen. Briefe mit Jammern und Wehklagen über seine Abwesenheit wäre er bald leid. Was also ist das Ziel? Den Toten zu helfen und sie zu ermutigen oder in unserer Trauer zu schwelgen und unseren Gefühlen auf ihre Kosten nachzugeben? Der Abschied und die Einsamkeit nach dem Verlust eines geliebten Menschen, eines langjährigen Gefährten, sind schmerzlich; aber Schmerz und Trauer gilt es anzunehmen und mutig zu ertragen, damit unsere dunklen Gefühle nicht den Weg des geliebten Verstorbenen überschatten. Nehmen wir unser Los doch fröhlich an. Dann sind unsere Toten frei, die großen Erlebnisse der Seele zu erfahren und Frieden zu finden.

4

TRAUERARBEIT

Unsere Einstellung zu Trauer und Trennung ist ein Gradmesser für unsere spirituelle Entwicklung. Unser Verhalten beim Tod des Körpers – sei es der eigene oder der eines geliebten Menschen – hängt von der Frage ab: Was bedeutet LEBEN für uns? Sehen wir vielleicht ganz tief im Herzen den physischen Körper als den eigentlichen Menschen an und wird unsere Beziehung zu der in diesem Körper inkarnierten Seele nur auf der physischen Ebene erlebt? Dann können wir natürlich gar nicht anders, als den unwiderruflichen Verlust zu beklagen, wenn der Tod das schwache Gefäß zerschlägt, in dem unsere Liebe enthalten war. Wissen wir aber durch innere Erfahrung, daß der Mensch ein geistiges Wesen und unsterblich ist, dann sehen wir über den Tod des Körpers hinweg das Leben, das bei Christus in Gott liegt.

Es gibt mehr als eine Art von Liebe, und der Verlust eines lieben Menschen wird zeigen, welcher Art unsere Liebe war. Die niedrigste Form der Liebe ist eine Art Hunger, ein Verlangen nach Zuwendung und Zärtlichkeit; durch einen großen Verlust plötzlich auf uns gestellt, leiden wir unter Entzugserscheinungen.

Eine weitere und nicht viel bessere Form der Liebe als diese selbstbezogene, ist der Ausdruck einer emotionalen Spannung, indem wir den geliebten Menschen mit Liebensdiensten überhäufen, ohne ihn nach seinen eigentlichen Bedürfnissen zu fragen. Solch eine Liebe, plötzlich ihres Ventils beraubt und auf sich selbst gestellt, kann den Liebenden bis ins Innerste erschüttern und ist eine Erklärung dafür, warum so viele Hinterbliebene nach dem Tod eines geliebten Menschen zusammenbrechen.

Es mag sonderbar klingen, aber echte Liebe hat nichts mit Gefühl zu tun, sondern sie ist eine Einstellung der Seele zum Leben. Echte Liebe ist eine spirituelle Ausstrahlung – wie das Sonnenlicht – und wie die Sonne scheint sie auf Gute und Böse, Gerechte und Ungerechte. Sie verschließt vor Fehlern nicht die Augen und liebt trotzdem. Dies ist die höchste Liebe, und auf ihren Flügeln trägt sie Heilung.

Echte Liebe entspringt einer liebe-vollen Einstellung und ist keine Reaktion auf stimulierte Gefühle. Nur sie birgt eine gewisse Garantie für Glück in einer Ehe oder einer anderen Lebensgemeinschaft, und der Verlust dieser Liebe wird nicht zu einem geistigen Zusammenbruch führen oder zu extremen Trauerbezeugungen. Natürlich folgen Erschütterung und Leere, wenn uns der Mensch, in dessen Liebe wir uns jahrelang geborgen gefühlt haben, genommen wird: wir müssen unser Leben neu einrichten. Aber der Schock sollte nicht unsere ganze Existenz infragestellen. Geschieht dies, haben wir das zweite Gebot verletzt, dann haben wir uns ein Bildnis gemacht und es angebetet, anstatt dem einzig wahren Gott zu dienen. Im Leben kann es nur einen Mittelpunkt geben, und das ist Gott. Wir mögen auf dem Pfad des Lebens Gefährten und Freunde finden, aber das Leben selbst hat nur einen Mittelpunkt. Wenn die Radnabe nicht genau zentriert ist, läuft das Rad unrund und ist zu nichts nutze. Wir und alle, die uns nahestehen, sind im Rad des Lebens wie die Speichen. Aber für sie, wie auch für uns, muß Gott die Mitte sein. Wenn wir unser ganzes Gewicht auf eine Speiche statt auf die Nabe legen, begehen wir einen großen Fehler, einen Fehler, der uns auf allen Ebenen aus dem Gleichgewicht bringen wird.

Wenn wir und alle, die uns nahestehen, unsere Mitte in Gott haben, kann uns der Tod keine innere Vereinsamung bringen, denn wir wissen, daß unsere Lieben uns nur vorausgegangen sind, dem gemeinsam erstrebten Ziel entgegen. Wenn sie aus der anderen Welt zurückkämen, würden sie – wie der auferstandene Christus zu den Jüngern, die seinen Tod betrauerten sagen: ‚Siehe, ich werde vor euch hingehen nach Galiläa'.

Für die, die im Geiste vereint sind, ist der Tod nur eine vorübergehende Trennung. Man wird sich nach dem Tod des Partners verlassen fühlen; die früher geteilte Bürde muß nun allein getragen werden; aber man wird nicht dieses Gefühl von geistiger Vernichtung haben, das all die überwältigt, die ihre Schätze dort versteckt haben, wo Rost und Motten sie zerfressen.

In Zeiten der Trauer ist die innere Gewißheit, daß die Bindungen überdauern, ein Anker. Für viele ist dies eine Gewißheit, die durch keine materialistische Weltanschauung, keine logische Demonstration der Sterblichkeit beeinträchtigt werden kann. Sie mögen die Gründe, auf denen diese Sicherheit ruht, nicht verstehen. Für sie ist es vielleicht nur blinder Glaube, zugegebenermaßen unlogisch. Dennoch ist diese Gewißheit da – sie ist eine Tatsache des inneren Lebens. Der spirituell ausgerichtete Mensch hingegen, mit seinem Wissen um die Inneren Ebenen, kann diese Gewißheit erklären und zeigen, daß sie auf echter Intuition beruht und keineswegs unlogisch ist. Auf den Inneren Ebenen gibt es weder Raum noch Zeit, wie wir sie kennen. Wir sind denen nahe, mit denen wir emotional verbunden sind, und denen fern, mit denen wir nicht in Einklang schwingen. Zwei Seelen, die aufeinander abgestimmt sind, werden wirklich auf den Inneren Ebenen zusammen sein. Sie sind ‚ein Herz und eine Seele' und können sich deshalb nur an ein- und demselben Ort befinden. Wir wissen nur zu gut, daß man zwar mit einem Menschen das tägliche Leben teilen, und dennoch Welten von ihm entfernt sein kann und umgekehrt. Das Leben zeigt uns, wie wahr das ist. Man schaue sich nur einen Menschen an, der seinen idealen Partner gefunden hat – und einen, dem dies nicht gelungen ist. Die beiden Partner brauchen nicht einmal beieinander zu sein, um diesen subtilen psychologischen Unterschied offensichtlich zu machen. Getrennt-sein hat darauf nicht den geringsten Einfluß. Der Mensch, der liebt und geliebt wird, bleibt geistig erfüllt, auch über lange Perioden der Trennung hinweg. Dem Psychologen ist wohlbekannt, daß das Fehlen dieser idealen Entsprechung – das die Okkultisten ,Polarisation' nennen – psychische und andere Erkrankungen hervorrufen kann.

Wer auch nach dem Verlust der geliebten Person liebt und geliebt wird, wird spirituell nicht zur Witwe oder zum Witwer, der Partner bleibt erhalten. Der unsichtbare Einfluß der Liebe besteht über den Tod hinaus, der Mensch bleibt polarisiert.

Die physische Anziehungskraft wird mit den Jahren schwächer; wenn sich die Persönlichkeit von der physischen Ebene zurückzieht, wird das emotionale Band unterbrochen, aber die geistige Verbundenheit überdauert alle Trennungen in Raum oder Zeit und wird weiterhin beide beflügeln und beschützen, auf welcher Ebene auch immer sie sich befinden mögen.

Geistige Verbundenheit zeigt sich in gemeinsamen Idealen, in einer gemeinsamen Einstellung zu Dingen des Geistes. Wo sie existiert, wird sie überleben, solange der Geist überdauert, denn sie ist ewig wie Gott, der sie gegeben hat. Diese geistige Verbundenheit wird nicht unterbrochen, weder durch den Tod des Körpers noch durch die Erfahrungen der Seele nach dem Tod. Um sie in den Bereich des weltlichen Bewußtseins zu bringen, ist keine mediale Begabung notwendig. Sie ist wie das Rauschen eines Baches. Solange wir mit der Arbeit des Alltags beschäftigt sind, hören wir es nicht, aber in der Stille der Nacht wird uns das Rieseln des fließenden Wassers bewußt, Stunde um Stunde, es war den ganzen Tag über da, auch wenn wir es nicht wahrgenommen haben.

Um geistige Liebe, die uns von den Inneren Ebenen zuteil wird, empfangen zu können, brauchen wie nur unsere äußeren Sinne zum Schweigen zu bringen, dann hören wir das Rieseln dieses Baches, ein ständiges Fließen, das von der Seele ausgeht, die vor uns ins Nächste Land gegangen ist. Wir, die wir noch lieben, können unsererseits zum Trost der geliebten Seele einen gleichermaßen ständigen Strom aussenden. Laßt uns deshalb die Trauer mit ganzem Mut ertragen und überwinden, so daß der Strom der Liebe keine Überreste toter Hoffnungen auf die Inneren Ebenen mit sich nimmt, wo die geliebte Seele sie fühlen und dadurch in Not geraten könnte. Laßt uns die Hoffnungen lebendig erhalten und für die Ideale arbeiten, die uns beiden lieb gewesen waren. So schaffen wir einen Kanal, durch den diese Ideale doch noch zur Verwirklichung gelangen, denn unsere Verbundenheit mit dem geliebten Menschen geht auf dem 'Pfad des Dienens' weiter.

5

DER ZEITPUNKT

Wer ein wenig von Astrologie versteht, weiß, daß der
wahrscheinliche Zeitpunkt des Todes mit beträchtlicher
Genauigkeit ermittelt werden kann. Wer aber von derselben Kunst auch praktisch etwas versteht, weiß, daß dro-
hendes Unheil nicht unbedingt eintreffen muß. In einem
Horoskop müssen viele Faktoren in Betracht gezogen werden, und das Urteil oder die Interpretation ist nicht ein
einfaches Rechenexempel, in dem es nur ein richtiges Resultat gibt kann. Der Astrologe muß sich eine Meinung aus
einer Unmenge sich gegenseitig ergänzender Faktoren bil-
den. Astrologie ist viel eher eine Kunst als eine Wissenschaft, und das persönliche Engagement des Fragestellers
wie auch des Astrologen ist sehr groß.

Man kann jedoch auch nicht leugnen, daß es in jedem
Horoskop ,Todesgefahren' gibt, Strömungen, mit denen
die Seele leicht aus dem Hafenbecken ins Große Jenseits
hinausgezogen werden kann. Die Taue hängen lose und
können bei plötzlicher Belastung reißen. Vielleicht gibt es
aber auch eine ausgleichende Kraft: Der Glaube oder die
Willenskraft des Betroffenen oder eines ihm Nahestehen-
den können genügen, um die Seele im Körper festzuhalten, bis die Strömung vorbei ist und sich der Lebensknoten
automatisch wieder festigt. Dann sprechen wir von einem
,neuen Leben'. Der Tod ist unwahrscheinlich, bis die Planeten erneut eine verhängnisvolle Konstellation haben.
Man kann viel lernen, wenn man ein Horoskop ,retrogra-
diert', falls man das so nennen darf, und die Stellung der
Planeten in vergangenen Krisenzeiten betrachtet. Wir fin-

den dabei mehr als einen Zeitpunkt, wo der Engel des Todes ganz nahe war, sich dann aber wieder zurückgezogen hat. Was einmal geschehen ist, kann wieder geschehen, und erst wenn der Körper nicht mehr atmet, darf man sich des Todes gewiß sein.

Eines ist sicher – wenn das Leben auf des Messers Schneide steht, und ein Astrologe hat vorher bereits das Todesurteil gesprochen, kann dieses Wissen eine niederschmetternde Wirkung haben und sogar den Ausschlag geben. Kein Astrologe, möge ihm auch der Tod im Horoskop noch so vorgezeichnet erscheinen – darf diese Erkenntnis weitergeben. Er darf höchstens sagen, daß die Konstellation der Gestirne des Fragestellers kritisch sein könnte. Das genügt zur Warnung und verhindert lähmende Autosuggestion.

Wir dürfen also davon ausgehen, daß es Zeiten gibt, in denen die Seele die Chance hat, den Körper zu verlassen, sie es aber nicht unbedingt tun muß. Natürlich beunruhigt dieses Wissen. Es steht aber nirgendwo geschrieben, daß wir uns hinlegen und kampflos sterben müssen, bloß weil unsere Planeten schlecht stehen. Vielleicht hat der Mars dem Saturn etwas zu sagen und tut es mit Nachdruck.

Es ist als Unglück anzusehen, wenn wir vor dem biblischen Alter von siebzig Jahren sterben, denn in jeder Inkarnation brauchen wir eine lange Vorbereitungszeit, bis unsere Fähigkeiten ausgereift sind und wir ernten, was wir gesät haben. Erneut durch Geburt, Kindheit und Jugend gehen zu müssen, bevor wir den vollen Ertrag der in der Gegenwart investierten Lebenswerte erreichen, ist ein Unglück, aber von der Warte der Evolution des Lebens gesehen, nicht unbedingt eine Tragödie. Wir müssen deshalb alles tun, was in unserer Macht steht, um einen verfrühten Tod zu verhindern. Ist die uns zugestandene Zeit jedoch abgelaufen und unsere Arbeit beendet, sollten wir ruhig Abschied nehmen und sanft mit der Ebbe ausfahren, in dem Bewußtsein, daß unser Leben in Gott ruht. Es ist besser, einen neuen Körper anzunehmen, als an einem alten zu hängen, der schon fast unbewohnbar ist. Wenn unsere Zeit vorüber ist, dürfen wir ruhig sagen ‚Herr, laß deinen Diener in Frieden gehen'.

Das bedeutet nicht, die üblichen Vorsichtsmaßnahmen und solche zur Heilung zu verweigern. Es ist unsere Pflicht, die Gesetze der Natur zu erfüllen, solange diese Gesetze für uns gelten. Ich meine hiermit die Einstellung des Geistes. Wir können grimmig bis zur letzten Sekunde gegen den Tod ankämpfen und mit aller Macht unseres konzentrierten Willens Körper und Seele zusammenhalten; wir können uns aber auch gedanklich auf die jenseitige Welt einstimmen und uns nach ihr zu sehnen. Vor dem siebzigsten Lebensjahr ist es unsere Pflicht, mit geistigen wie auch materiellen Mitteln gegen den Tod zu kämpfen. Danach legen wir, wenn unsere Aufgaben erfüllt sind, am besten unser Geschick in Gottes Hand. Er wird seinen Diener zur rechten Zeit rufen.

Ich möchte an dieser Stelle betonen, daß das ‚Gesetz des Geistes' und das ‚Gesetz des Karma' nicht dasselbe sind. Karma verursacht den verfrühten Tod des Körpers, während das Gesetz des Geistes die Seele aus der Inkarnation herausnimmt, wenn die Zeit dafür reif ist.

Geistige Kräfte können einem schlechten Karma entgegenwirken, aber nichts kann und darf sich dem Gesetz des Geistes entgegenstellen. Unser größtes Gut liegt darin, dieses Gesetz zu erfüllen.

Wir müssen umdenken: Der Tod ist nicht die von den meisten so gefürchtete ausweglose Tragödie. Unter Umständen ist er ein Unglück für alle Betroffenen, die scheidende Seele und ihre Angehörigen. Er kann aber auch die nächste Stufe des Lebens sein: Nur der Mensch, der Materie verhaftet, sieht im Engel des Todes den großen Feind. Im Geheimwissen aber lautet sein Name: ‚Der Öffner der Tore ins Leben'.

6

TRADITIONELLE BRÄUCHE UND SPIRITUELLE FAKTEN

Viele alte, mit dem Sterben verbundene Bräuche beruhen auf psychischen Fakten und sind nicht einfach Aberglauben. Einige stammen noch aus der vorchristlichen Zeit und haben ihren Sinn verloren. Andere haben ihren Wert behalten.

Dazu gehört der schöne alte Brauch, das Sterbezimmer, sobald die Seele den Körper verlassen hat, mit Kerzen und frischen Blumen zu schmücken. Zwischen der Ent-Seelung des physischen Körpers und dem Auszug der Seele aus dem Ätherkörper besteht ein kurzes Interregnum. Während dieser Zeitspanne bleibt die Seele ihrem körperlichen Gefäß nahe und befreit sich stufenweise aus dem Netz der Materie, bis sie sich in ihrem neuen Zustand zurechtfindet. Der Ätherkörper ist vom Prana abgeschnitten (ätherische Lebenskraft), das er während der Inkarnation von der Sonne bezog, und holt sich daher, den neuen Bedingungen noch nicht angepaßt, diese Lebenskraft aus jeder sich bietenden Quelle. Deshalb auch das plötzliche Gefühl von Erschöpfung und Leere, ja Furcht, das Menschen oft befällt, die in unmittelbarer Nähe von Toten arbeiten müssen – es sei denn, sie hätten sich mit einem Panzer aus Gleichgültigkeit umgeben. Diejenigen, die den Toten geliebt haben, sind für diese Art von Erschöpfung besonders anfällig.

Es ist zweifellos ein Akt der Menschlichkeit, die Seele während der Zeit ihrer Anpassung mit liebenden und schützenden Gedanken zu begleiten. In manchen Fällen sollten wir sogar zulassen, daß eine Seele, die in Furcht und Verwirrung gegangen ist, für eine Weile von unserer physischen Lebenskraft zehrt, bevor sie ermutigt werden kann, ihr neues Leben zu beginnen. Klugheit und Einfühlungsvermögen sind dabei wichtig. Wir dürfen aber nicht vergessen, daß es der Sinn dieser Hilfe ist, dem Toten den Übergang ins neue Leben zu erleichtern und nicht, ihn in einem Zwischenstadium festzuhalten. Er könnte sich an dieses Tod-im-Leben gewöhnen und an die Erde gebunden bleiben.

Mentale Verbundenheit und ätherische Verbundenheit sind zwei sehr verschiedene Dinge. Letztere ist nicht wünschenswert und wird für die Lebenden wie auch für die Toten schnell zum Problem, sie darf nicht zugelassen werden.

Während der Ätherkörper im Begriff ist, sich zu lösen, sucht er intuitiv und unwillkürlich nach ätherischer Lebenskraft. Wir können also nicht nur die Lebenden schützen, sondern auch den Toten helfen, indem wir dieses Phänomen verstehen und dementsprechend handeln.

Feuer ist eine elementare Form des ätherischen Lebens und die offene, der Luft ausgesetzte Flamme einer Kerze strahlt beträchtliche ätherische Substanz aus. Wenn wir das Totenbett mit brennenden Kerzen umstellen und mit frischen Blumen bedecken, ist genügend ätherische Strahlung vorhanden, um die Bedürfnisse des Ätherkörpers zu decken und ihm über das Zwischenstadium hinwegzuhelfen und damit zu verhindern, daß er an der Lebenskraft der Lebenden zehrt. Das ist in jeder Hinsicht natürlicher als den Toten zu erlauben, in eine letztendlich ungesunde Verbindung mit den Hinterbliebenen zu treten; außerdem ist es humaner.

Die Toten in der Zeit zwischen dem Sterben und der Bestattung des Körpers alleinzulassen, ist falsch. Es ist aber genausowenig notwendig, ununterbrochen neben ihnen Wache zu halten. Ideal wäre es, dreimal am Tag – morgens, mittags und abends – neben dem Verstorbenen zu beten. Ist dies nicht möglich, sollten wir uns in Gedanken dorthin begeben und im Gebet versunken niederknien. Das hilft dem Toten und uns auch.

Weihrauch im Sterbezimmer abzubrennen ist nicht angezeigt, denn der Rauch führt schnell zu Materialisationen, und unser Ziel ist, der hingegangenen Seele zu helfen, die einzelnen Phasen des Todes so schnell und leicht wie möglich hinter sich zu bringen und ins geistige Leben einzutreten. Sie soll nicht in der Erdatmosphäre verharren, wo sie von den krankhaften Störungen des Sterbens bedroht ist.

Das Schließen der Fensterläden ist ein anderer Brauch, der seine Wurzeln in spirituellen Fakten hat. Nichts löst den Ätherkörper so schnell auf wie Sonnenlicht. Die Zimmer sind also abzudunkeln und das Sonnenlicht auszuschließen, damit die Prozesse, die unmittelbar nach Austritt der Seele aus dem Körper geschehen, nicht ungebührend beschleunigt werden. Die Kerzenflamme als Beleuchtung reicht aus. Anders ist es, wenn bereits ein Teil des Gewebes durch Krankheit schon vor dem eigentlichen Tod abgestorben ist, oder wenn der Auflösungsprozeß sehr schnell auf den Sterbeakt folgt – was bei manchen Krankheiten der Fall ist. Der Ätherkörper hat sich vor dem eigentlichen Ende schon fast völlig aus dem physischen Körper befreit und braucht keine Wartezeit mehr. Je eher die Äthersubstanz in die All-Seele zurückkehrt, desto besser.

Der Brauch, Trauerkleider zu tragen, hat eine sehr ausgeprägte spirituelle Wirkung. Die Farbe Schwarz bedeutet ein Abschirmen gegen ätherische Schwingungen, und ein Mensch in Trauerkleidern ist eher fähig, mit den feinstofflichen Ebenen in Verbindung zu treten, als wenn er Farben trägt, von denen jede eine entsprechende Schwingung hat.

Das Glockenläuten hingegen ebenso wie das Heulen und Wehklagen bei einer irischen Totenwache hat nur den Zweck, die bösen Geister zu vertreiben und daher bei einer christlichen Beerdigung nichts zu suchen.

Es ist ein Irrtum, wenn nicht sogar Blasphemie, sich unsere Lieben als tot vorzustellen oder sie mit dem Staub in Verbindung zu bringen, der wieder zur Erde wird. Wir sollten an das spirituelle Leben denken, an den ewig lebendig strebenden Geist in seiner Entwicklung, der mit uns als Weggefährten dieses große Abenteuer teilen möchte. Daher ist aus esoterischer Sicht eine Verbrennung um vieles besser als eine Beerdigung, denn sie befreit nicht nur die Seele der Toten, sondern auch die Seele der Lebenden. An eine Handvoll vom Wind verwehten Staub können wir uns nicht so klammern wie an einen Ort, an dem der Körper langsam von Mutter Erde wieder aufgenommen wird.

Als letzten Liebesdienst auf Erden sollten wir daher die Asche des geliebten Menschen an einen Ort der glücklichen Erinnerung tragen, sie dort in den Wind streuen und somit der Natur zurückgeben, was sie geliehen hatte. Diese Stelle – ein der Liebe geweihter Altar – ist der richtige Ort für eine Kontaktaufnahme. Nicht mit dem Toten, sondern mit dem Ewig-Lebenden. Hier sollten wir unsere Gedanken wie Vögel in das Unbekannte aussenden. Selten kehren sie ohne einen grünen Zweig der Hoffnung zurück.

Doch das ist nicht möglich, solange wir den geliebten Menschen mit dem toten Körper identifizieren. Deshalb muß der Körper so schnell wie möglich dem Kosmos zurückgegeben werden, nur so wird unsere Liebe vom Gefühl des Todes befreit. Wo Verbrennung nicht möglich ist, würde ich einen schnell wachsenden Baum oder Busch auf das Grab pflanzen, der die ätherische Lebenskraft von der Erde aufsaugt und an die Luft abgibt. Ich habe Gräber gesehen, die wie kleine Gärten waren, nicht mit einem großen Stein zugemauert, sondern voller Leben und Schönheit. Mindestens ein Jahr muß zwischen der Grablegung und dem Setzen des Steins vergehen, und was kann schöner sein, als auf die nackte Erde Weizen als Symbol des von Gott geschenkten Lebens zu säen? Denn es gibt eine Legende, die besagt, daß der Weizen nicht nur zur

Evolution unserer Erde gehört, sondern von einem anderen Planeten durch den ‚Großen Einen' hergebracht wurde, geboren ohne Vater, ohne Mutter, ohne Abstammung, der weder einen Anfang seiner Tage noch ein Ende seines Lebens kennt.

Irgendwo am Grabstein oder am Sarge findet sich immer das Kreuz. Da wir die Bedeutung der Symbole nicht kennen, ist es meistens das Kalvarienkreuz. Es gibt viele verschiedene Kreuzformen; das Kalvarienkreuz bedeutet Opfer und Entsagung. Das Keltische Kreuz hingegen, mit seiner langen schlanken Senkrechten und den kurzen Armen und dem darübergelegten Kreis, bedeutet triumphierendes Leben und Rettung. Die sterblichen Überreste eines Eingeweihten sollten unter einem solchen Kreuz ruhen dürfen.

Den Körper in einen Bleisarg einzuschließen, ist ein Relikt aus der Zeit der Barbaren. Die Seele hat nichts mehr mit dem Körper zu tun, sie hat ihn abgelegt. Warum ihn also erhalten? Das beste Gefäß für die sterblichen Überreste ist das traditionelle Holz der Ulme (und nicht der allzu dauerhaften Eiche). Wenn schon nicht die Materie dem rasch reinigenden Feuer übergeben wird, dann soll wenigstens die freundliche Erde ihre Aufgabe in der ihr eigenen Weise erfüllen, indem sie jedes sterbliche Element an seinen Platz in der Natur zurückgibt. Erst dann ist die Seele wirklich frei.

7

DER TOD DES PHYSISCHEN KÖRPERS

Der menschliche Körper arbeitet wie eine Maschine und ist wie diese, damit ihre einzelnen Teile einwandfrei funktionieren können, von der Kraftstoffzufuhr abhängig. Er ist eine Maschine, die Energie produziert – Energie, die die Persönlichkeit für den Prozeß ihrer geistigen Entwicklung braucht. Die Erfahrungen, die die Seele während ihrer Inkarnation sammelt, sind das Rohmaterial für die Arbeit an ihrer eigenen Entwicklung. Der Okkultist, dem dies wohlbekannt ist, hat deshalb eine durchaus unsentimentale Einstellung zu seinem physischen Körper, tut jedoch alles, um ihn in gutem Zustand zu erhalten, denn nur ein gutes Werkzeug leistet gute Arbeit.

Wir müssen lernen, den Tod als einen Teil des Entwicklungsprozesses zu sehen. Eine Raupe stirbt als Wurm, um als Schmetterling wiedergeboren zu werden. Der Lebenszyklus vieler niedriger Lebensformen spielt sich sichtbar vor unseren Augen ab. In den höheren Daseinsformen hingegen vollzieht sich der eine Teil des Zyklus in der sichtbaren physischen Sphäre und der andere in der unsichtbaren mentalen Sphäre. Wenn wir einen physischen Körper annehmen, heißt dieser Prozeß für uns ‚Geburt‘, wenn wir ihn wieder ablegen, ‚Tod‘, und so wie der Geburtsvorgang mehr ist als nur die Geburtswehen, so bedeutet der Tod mehr als nur das Aufhören des Atems.

Verstehen wir unter ‚Tod‘ nur das Abstellen der menschlichen Maschine, ist Tod eine Sache des Augenblicks. Bedeutet Tod aber die ganze Summe der Übergangsprozesse von einer Daseinsphase in eine andere, verstehen wir unter Tod dasselbe wie ein Okkultist, und in diesem Sinn werde ich dieses Phänomen jetzt erklären.

Der Tod geschieht auf zweierlei Weise: natürlich, im Einklang mit dem göttlichen Gesetz und unnatürlich – durch Verstoß gegen das göttliche Gesetz. So merkwürdig es erscheinen mag: für den Okkultisten ist Tod durch Krankheit nichts Natürliches. Krankheit ist gegen das Gesetz Gottes; der Natur wurde Gewalt angetan, und das Resultat ist das Versagen der Maschine Mensch.

Erfolgt der Tod im Einklang mit dem göttlichen Gesetz, geschieht er zu dem Zeitpunkt, der vom Karma für diese Inkarnation bestimmt ist. Bis dahin halten die Kräfte des Lebens das Alter in Schach und bleiben in vollem Umfang oder nur wenig vermindert bis in vorgerückte Jahre erhalten. Es gibt genügend Menschen, die im Dienst für Gott und andere weit über das biblische Alter von siebzig voll tätig waren.

Der natürliche Tod tritt ein, wenn Maschinenteile verschlissen sind, oder, um die Metapher zu ändern: durch Aufschwemmung und Verschlammung des Gewebes. Für ein gutes Funktionieren der Maschine muß die Kraftstoffzufuhr dem Energieverbrauch der Maschine entsprechen; die gute Arbeit beruht, technisch ausgedrückt, also auf dem Gleichgewicht von aufgenommener und abgegebener Menge, einem ausgeglichenen Stoff-Wechsel. Normalerweise ist die Zufuhr größer als der Energieverbrauch, damit für Notfälle eine Reserve gebildet wird. In der Kindheit und während der Jugend wird diese vermehrte Zufuhr durch das Wachstum aufgebraucht; während der Zeit der Fruchtbarkeit durch den Fortpflanzungstrieb; was nicht absorbiert wird, sollte für eine emotional befriedigende Beschäftigung eingesetzt werden, bei Spiel oder Arbeit. Sobald die Aufbauphase des Lebens beendet ist, setzt sich der Überschuß allmählich in äußerst kompakter chemischer Form in den Geweben ab. Wie der Volksmund sagt: Der Mensch ist so alt wie seine Gefäße.

Der natürliche Tod kommt auf vielerlei Weise. Mit der Zeit wird es für das Herz immer schwieriger, das Blut durch die sich verhärtenden Kanäle zu pumpen; die Blutzufuhr zu den verschiedenen Organen reicht nicht mehr aus, in dem einen oder anderen Organ kommt es zu Pannen, und wenn eines versagt, fehlt dem ganzen System ein lebenswichtiges Produkt oder ein Dienst, und die Maschine bleibt stehen. Oder eine der kleineren Arterien, meistens im Gehirn, ist so geschwächt, daß sie dem Druck des Blutes, von dem immer noch schlagenden Herz durch den Körper gepumpt, nicht mehr standhalten kann und platzt – das bekannte Phänomen des Gehirnschlags. Oder das Herz ist nicht mehr imstande, den Widerstand der Arterien zu überwinden und sein rhythmisches Schlagen hört auf, gewöhnlich am frühen Morgen, zu einem Zeitpunkt, an dem die Lebenskraft geschwächt ist. Dann stirbt der Mensch im Schlaf. Das ist die normale, harmonische Form des Todes, nicht durch eine bestimmte Krankheit, sondern durch eine immer stärker werdende Neigung zu ermüden. Die Dauer des Schlafens nimmt zu, bis sich das Bewußtsein schließlich völlig zurückzieht, um nicht wiederzukehren. So kann die Seele, wenn sie im Erdenleben dieser Inkarnation ihre Aufgabe erfüllt hat, gehen.

Der unnatürliche Tod des Körpers wird durch etwas Äußerliches ausgelöst: entweder durch mechanische Verletzung eines lebenswichtigen Teils oder durch die Vergiftung eines lebenswichtigen Prozesses – sei es durch eine eingenommene Substanz oder durch die Ausscheidung von Bakterien, die sich in den Geweben eingenistet haben; oder durch ungenügende Zufuhr von Kraftstoff, sei es Nahrung, Vitamine, Wasser, Luft oder Sonnenlicht.

Jede Krankheit unseres Körpers läßt sich einer dieser Kategorien zuordnen. Der Okkultist rechnet sie alle zu den unnatürlichen Todesarten, denn sie alle hätten vermieden werden können. Wäre der Mensch nicht verletzt worden, hätte er weiterleben können. Wäre er nicht mit dem Virus in Berührung gekommen, hätte der Krankheitsprozeß nicht eingesetzt. Hätte er eine ausgewogene Zufuhr an lebenswichtigen Nahrungsmitteln gehabt, nicht zu viel – das übersättigt das Gewebe – und nicht zu wenig – das schwächt – wäre der betreffende Mensch jetzt noch am Leben. Bei diesen unnatürlichen Todesformen kann man immer sagen: Wäre dies oder jenes nicht gewesen, dann wäre der Tote nicht tot. Deshalb behaupte ich, daß diese Todesarten alle unnatürlich sind. Es gäbe sie nicht, wenn wir im goldenen Zeitalter der irdischen Vollkommenheit lebten. Im biblischen Alter einfach einschlafen, das ist die natürliche Art zu sterben.

8

DEM TOD ENTGEGENGEHEN

Wenn uns der Gedanke an den Tod mit Schrecken erfüllt, warum gehen wir ihm dann nicht freiwillig entgegen? Diese Vorstellung mag manchem seltsam vorkommen. Aber im Grunde genommen ist sie vernünftig und praktisch. Es gibt verschiedene Religionen – unter anderen die römisch- katholische und die buddhistische – die ihren Anhängern vorschreiben, regelmäßig über ihren eigenen Tod zu meditieren. Eine sinnvolle Anweisung, und wir alle täten gut daran, sie zu befolgen. Ziel dieser Meditation über unseren eigenen Tod darf aber nicht die Auflösung des Körpers sein. Der Körper ist nicht das wirkliche Ich. Wenn er abgelegt ist, wird er zu gewöhnlicher Materie, und wir haben nichts mehr mit ihm zu schaffen. Die Lebenden sollen sich um ihn kümmern, aus hygienischen Gründen, nicht aus Aberglauben. Stellen wir uns doch vor, wie wir dem Körper entrinnen, uns von seiner Begrenztheit befreien, und malen wir uns das Leben aus, das dann beginnt: Wie wir die Freunde wiedertreffen, die uns durch die Tore des Todes vorausgegangen sind. Ist der Tod nahe, können wir telepathische Botschaften senden, damit unsere Lieben uns erwarten. Sind wir der Schwelle noch ein Stück näher, erhalten wir vielleicht sogar eine Antwort. Seid sicher, sie werden alles tun, um uns vom jenseitigen Ufer aus Mut zu machen. Wenn wir jedoch keine spirituellen Fähigkeiten entwickelt haben, verstehen wir die Signale wahrscheinlich nicht.

Dazu ein Beispiel: Eine Frau, die kurze Zeit vorher ihre geliebte Schwester verloren hatte, versuchte eines Abends, telepathisch mit ihr in Verbindung zu treten. Sie hatte es erfolglos längere Zeit versucht, als ihre Konzentration gestört wurde durch den Hund der Schwester, der zu ihren Füßen lag. Er schien in seinen Träumen auf der Jagd zu sein, wie es Hunde tun. Plötzlich wachte er auf, wurde ganz aufgeregt, als ob er jemanden entdeckt hätte, und raste dann mit glücklichem Gebell von einem Raum des Hauses in den anderen. Zum ersten Mal seit dem Tod seiner Herrin zeigte er eine Reaktion. Meine Freundin erklärte es sich so: Sie hatte ihre Schwester herbeigerufen, sie aber nicht wahrnehmen können. Bekannterweise sind Hunde medial veranlagt. Der Liebling der verstorbenen Frau hatte ihre Gegenwart gespürt, sein Erlebnis im Traum interpretiert, wie wir es gleichfalls tun, und war beim Erwachen so überzeugt davon, seine Herrin gesehen zu haben, daß er durch alle Zimmer raste, um sie zu suchen. Meine Freundin sagte mir, nichts habe sie mehr vom Weiterleben nach dem Tod überzeugt wie dieses einfache kleine Erlebnis des Hundes.

Aber das ist noch nicht alles. Außer unseren Freunden, deren Zuneigung uns gewiß ist, gibt es andere Wesen auf den Inneren Ebenen, deren Begleitung wir suchen, und deren Bekanntschaft wir machen können, und dies schon, bevor wir hinübergehen. Wir dürfen an Gottes Versprechen denken: ‚Ich werde dich nicht verlassen‘, und beten, daß sich unser Führer durch das neue Leben schon in diesem Leben zu erkennen gibt, damit wir ihm mit Vertrauen folgen können, wenn es soweit ist. Da die Führer ihren Aufgabenbereich auf den Inneren Ebenen von Zeit zu Zeit ändern, hat dies erst Sinn, wenn der Tod wirklich nahe ist.

Es ist eine ihrer ersten Aufgaben, Verstorbene in Empfang zu nehmen, wenn sie hinüberkommen. Später wenden sie sich anderen Aufgaben zu. Erst wenn die Barke mit der Seele ihre Vertäuung gelöst hat, kommen sie zur Begrüßung ans Ufer.

Untersuchungen der spiritualistischen Bewegung haben ergeben, wie wichtig die Arbeit in dem Teil der Geisteswelt vor sich geht, die unserer irdischen am nächsten liegt. Es gibt Beispiele aus zahllosen Quellen, die beweisen, daß die Gruppen von unsichtbaren Helfern gut organisiert sind und keine Seele allein und ohne Hilfe die Reise machen muß. Wenn ein Schiff unter Segel geht, hißt man den ‚Blauen Peter' und alle, die dazugehören, begeben sich an Bord.

Währenddessen setzt auch die Seele, die sich reisefertig macht, ein Signal, der Späher am Ausguck der Inneren Ebenen nimmt dieses Signal wahr und sorgt für eine beschützte Reise aller Seelen und ihren gebührenden Empfang.

Auch wenn der Stern des Todes noch nicht über dem Horizont aufgegangen ist, tun wir gut daran, uns mit dem Leben nach dem Tod zu beschäftigen und uns an den Gedanken zu gewöhnen. Dann wird dieses neue Leben für uns nicht mehr fremd oder furchtbar sein und der Tod seinen Schrecken verlieren.

Vielleicht begegnen wir jemanden, für den diese schreckliche Angst vor dem Tod wie ein Alptraum auf der Seele liegt. Eine Angst, die insgeheim viele bedrückt, die in der alten Weltanschauung von Tod und Hölle erzogen worden sind. Nur wenige Menschen geben dies spontan zu. Treffen sie jemanden, der sich von dieser Fessel befreit hat, greifen sie erleichtert nach diesem Strohhalm.

In den Mediationen über unseren eigenen Tod sollten wir uns weniger auf das Sterben konzentrieren, sondern auf das neue Leben. Voller Freude wollen wir an die neuen Hoffnungen und Aufgaben denken, die sich vor uns auftun. Wir werden frei sein vom Körper, der, wenn die Zeit reif ist, immer mehr zum Hindernis wird. Wir werden auffahren im Leib des Lichtes, wie es die Alten nannten. Die Last des Alters und der Krankheit wird von uns fallen, und wir werden in kraftvoller Form und bei klarem und heiterem Bewußtsein sein. Der Tod gibt uns buchstäblich einen neuen Vertrag mit dem Leben. Wir gehen in dieses neue Leben mit dem Enthusiasmus und der Kraft der Jugend, denn wir sind in der Tat neu geboren.

9

DIE VERBORGENE SEITE DES TODES

Die Vorgänge des körperlichen Todes sind bei weitem nicht so einfach, wie es der Volksglaube wahrhaben will. Durch das Wissen um die subtileren Aspekte des Todes sind in früheren Zeiten viele der Bestattungsgebräuche entstanden, die wir heute als Aberglauben bezeichnen.

Wenn der Atem aufhört, ist die Seele fort und kümmert sich genauso wenig um den abgelegten Körper wie das ausgeschlüpfte Küken um die Eierschale. Aber die Hinterbliebenen müssen sich darum kümmern, und manche der Probleme, die der Trennungsschock mit sich bringt, haben ihre Ursache in dem fehlenden Wissen um die Prozesse, die in der zurückgelassenen Hülle ablaufen.

Zwei Aufgaben liegen vor uns: Staub muß zu Staub werden, und zwar so schnell und harmonisch wie möglich. Und wir müssen die Seele mit den richtigen Gedanken begleiten, bis sie auf der anderen Seite wohlbehalten angelangt ist und sich für eine Weile ausruhen kann. Diese zwei Aspekte des letzten Dienstes sind äußerst wichtig, und wir sollten uns ernsthaft damit beschäftigen. Nichts hilft so schnell über die Trauer hinweg wie die Erkenntnis, für die Verstorbenen noch etwas tun zu können.

Was aber geschieht mit dem abgelegten und leeren Körper, unmittelbar nachdem die Seele ihn verlassen hat? Die Antwort darauf wird unser Verhalten und Handeln beeinflussen. Diese Trennung der Seele vom Körper hat als erstes den Tod des zentralen Nervensystems zur Folge, im Körper selbst bleibt noch ein großer Teil des organischen

Lebens erhalten. Mit anderen Worten: Es stirbt nicht alles auf einmal. Oft befindet sich die Seele schon einige Tage vor dem Tod, oder sogar noch länger, außerhalb des Körpers. Sie schwebt wie ein schlafender Geist ein paar Fuß über dem Bett an der Silberschnur, und ist für den Sensitiven gut zu sehen. In diesem Zustand herrscht auf allen Ebenen tiefe Bewußtlosigkeit, der physische Körper empfindet keinen Schmerz. Nur wenn die Silberschnur zerreißt und die Seele sich löst, tritt der eigentliche Tod ein. Die plötzliche Wiederbelebung und die Rückkehr des Bewußtseins kurz vor dem Ende erklären sich so: Die Seele hat auf ihrer eigenen Ebene das Bewußtsein zurückgewonnen und versucht mit letzter Kraft, sich auf den Körper zu konzentrieren, damit der Prozeß, der von den Okkultisten das ‚Ätzen des Saat-Atoms' genannt wird, ablaufen kann.

Dieses Saat-Atom ist ein ähnlicher Kern wie das Atom auf der irdischen Ebene und Teil der Seele während ihrer ganzen Entwicklung. Es spielt im Prozeß der Wiedergeburt eine große Rolle. Der Ausdruck ‚Ätzen' ist als Metapher gemeint: Der Kern soll auf eine gewissen Schwingungsebene eingestimmt werden und bestimme Bildeindrücke erhalten. Ist dies bereits geschehen, findet die letzte Wiederbelebung womöglich nicht mehr statt, weil die Seele für den Abschied reif ist. Dieses Nicht-Stattfinden muß nicht heißen, daß der Prozeß des Sterbens nicht richtig abläuft. Erfolgt der Tod allerdings gewaltsam und ist der Körper so zerstört, daß der Tod sofort eintritt, kann das Saat-Atom nicht geätzt werden.

Die Okkultisten glauben deshalb, daß die Seele in diesem Fall sofort eine Möglichkeit zur Wiedergeburt sucht, noch vor dem zweiten Tod, und den neuen Körper ebenso schnell wieder verläßt, weil sie ihn nur angenommen hat, um in guter Verfassung einen Abgang zu finden.

Mütter und Hebammen haben oft beobachtet, daß ein neugeborenes Kind mit einem außerordentlichen Ausdruck von Intelligenz und Reife nur kurze Zeit lebt. Es sind die Augen einer erwachsenen Seele, und das einzige, was diese Seele verlangt, ist ein ihrem Glauben entsprechendes Bestattungsritual. Sie kam nicht, um zu leben, sondern um in Würde zu sterben.

Dies erscheint der Mutter als Ungerechtigkeit. Sie hat Opfer gebracht, um dieses Kind zur Welt zu bringen, und verliert es sofort wieder. Untersuchen wir dieses Ereignis unter karmischen Gesichtspunkten – und kein Okkultist würde einen Fall nur im Lichte einer einzigen Inkarnation beurteilen – werden wir erkennen, daß entweder eine karmische Schuld getilgt wurde oder, wenn keine Spur einer solchen Schuld zu finden ist, ein karmisches Guthaben vorliegt. Diese Möglichkeit wird oft übersehen. Manchmal ist ein solches Guthaben so groß, daß es zu plötzlichen Glücksfällen kommt, die durch nichts im jetzigen Leben zu erklären sind. Der Gute Samariter, der Fremde, der uns unerwartet Hilfe leistet, sie alle sind vielleicht Seelen, denen wir in einem früheren Leben die Tore zu Geburt und Tod geöffnet haben.

Hat sich die Seele jedoch endgültig zurückgezogen, ist sofort eine Veränderung zu spüren. Jeder sensitive Mensch kann den Unterschied zwischen der Atmosphäre eines Sterbezimmers und der eines Totenzimmers fühlen. Zu Lebzeiten steht ein Mensch unter der Obhut des Erzengels seines Volkes und der Leitfigur seiner Religion. Nach dem Tod endet diese Führung oder vielmehr: sie folgt der Seele und überläßt den Körper sich selbst, da dieser nicht mehr von Bedeutung ist. Die leere Form der Materie gerät dann unter die ‚Regentschaft der Naturelemente‘, und die elementaren Kräfte von Erde, Luft, Feuer und Wasser nehmen jede für sich den Teil, der ihnen gehört, in ihr Reich zurück. Dabei helfen ihnen gewisse Lebewesen, die zu den primitiveren Daseinsformen gehören, und die bald ausgestorben sein werden. Ich meine damit die einzelligen saprophytischen Bakterien, die Verwesung erzeugen. Diese Parasiten, die vom lebenden Gewebe zehren und Krankheit verursachen, sind etwas anderes. Ihre Tage sind längst gezählt: Sie haben sich gegen das Gesetz der Evolution aufgelehnt und verweigern den vorgesehenen Rückzug von der physischen Ebene. Sie sind zu Rebellen gegen das kosmische Gesetz geworden, und die Wissenschaft wird sie allmählich ausrotten. Wenn sich die Tore zum elementaren Bereich öffnen, werden diese Elemtarwesen aktiv, damit organische Materie zerfällt und zu den einzelnen Sphären zurückkehren kann. Diese elementaren Wesen gehören zu den primitivsten Lebensformen, und sensitive Menschen empfinden diese Gegenwart als beunruhigend. Deshalb sollten die Lebenden sich nicht in der unmittelbaren Nähe von Toten aufhalten. Das erklärt die Angst der meisten Menschen vor einer Leiche.

Doch vergessen wir nicht die vier mächtigen Erzengel, die die ,Erzengel der Elemente' genannt werden, weil sie im Namen Gottes über die elementaren Reiche gesetzt wurden. Sie heißen Raphael, Michael, Gabriel und Uriel, und werden oft den vier Evangelisten der christlichen Tradition gleichgesetzt. Daher das Kindergebet

Vier Engel stehen um mein Bett
zwei zu meinem Haupt und zwei zu meinen Füßen,
Matthäus, Markus, Lukas, Johannes,
sie alle sollen mein Bett behüten.

Bei jedem Totenritual sollte die Materie in die Obhut dieser vier großen Geister zurückgegeben werden. Werden sie angerufen, erhellt und klärt sich die etwas düstere Atmosphäre, die oft in einem Totenzimmer herrscht.

Die Verwandlung des Körpers in Staub ist aber nur der halbe physische Prozeß des Sterbens, denn es gibt noch einen anderen Körper, der ebenso physisch und ebenso sterblich ist: der Ätherkörper. Der Name ,elektrischer Körper' wäre zutreffender, denn er ist ein wohlgeordnetes System elektro-magnetischer Energien. Ihm ist jede Zelle und Faser des physischen Körpers angeschlossen, und jedes Molekül des Körpers erhält die Lebenskraft, die die Auflösung verhindert und die instabile Verbindung von

organischer Materie in ihrer komplizierten und vergäng-
lichen Form zusammenhält.

Wenn im Augenblick des Todes der Atem aufhört und
sich der Ätherkörper aufzulösen beginnt, kommt der kri-
tische Moment des Sterbevorgangs. Im Ätherkörper ru-
hend, bleibt die Seele für eine kurze Zeit bewußtlos –
einige Stunden bis zu drei Tagen. Wenn der Ätherkörper
länger verweilt oder wenn die Seele aus ihrer Bewußtlosigkeit erwacht, während sie sich noch im Ätherkörper
befindet, ist dies eine krankhafte Störung des Sterbevorgangs. ‚Ein Geist geht um' heißt es im Volksmund, wenn
eine Seele im Ätherkörper wiedererwacht. Normalerweise
sind die magnetischen Kräfte des elektrischen Körpers
nach einer gewissen Zeit erschöpft wie eine ausgebrannte
Batterie, die Seele wirft die Fesseln ab und hat keine Verbindung mehr mit der Materie.

Auch das ist nicht der ‚Zweite Tod'. Es ist vielmehr der
zweite Teil des physischen Todes, und während all dies
vor sich geht, liegt die Seele in tiefer Bewußtlosigkeit. Jetzt
ist klar, warum man unter keinen Umständen versuchen
sollte, mit der Seele Kontakt aufzunehmen, unmittelbar
nachdem sie hinübergegangen ist: Man könnte sie aus dem
ätherischen Schlaf wecken und dazu bringen ‚herumzu-
wandern'. Es ist keineswegs so, daß der Okkultist Kontakte mit den Verschiedenen verurteilt; aber man muß wissen,
wie und wann der Versuch richtig und sinnvoll ist. In
unserer modernen Gesellschaft ist der Tod tabu, man
spricht nicht über ihn, so wie man mit den Kindern nicht
über die Geheimnisse der Geburt spricht. Dieses Schweigen erschwert sowohl den Kindern wie den Erwachsenen
das Lösen ihrer Probleme.

10

DER LÄUTERUNGSPROZESS

Wir haben schon von der Arbeit des Großen Anästhesisten gesprochen, der die Seele, wenn sie durch die Tore der Materie ausgeht, in tiefen Schlaf sinken läßt. Der Ätherkörper zerfällt und bleibt, von der Seele unbemerkt, zurück, und die Seele schläft weiter in dem Bewußtseinszustand, den der Okkultist die Astralebene nennt.

Jetzt beginnt die Seele zu träumen. Die Erinnerungen des Erdenlebens sind noch gegenwärtig, wenn auch fern und undeutlich wie Erlebnisse in früher Kindheit. Aber sie träumt diese Dinge nicht so wie wir sie als Beteiligte erlebt haben; sie läßt sie nach ihrem jetzigen Daseinszustand Revue passieren. Sie befindet sich in der Welt der Wünsche und sieht das Geschehene vom Standpunkt der erfüllten oder nichterfüllten Wünsche aus.

Da der Verstand nicht länger das Bewußtsein blockiert, ist nicht nur die Seele auf der Ebene der gegenwärtigen Existenz wach und bewußt: auch das höhere Bewußtsein ist aktiv. Während diese Phantasmagorie des Traumes abläuft, hält das höhere Selbst dem Bewußtsein den Spiegel vor und verlangt von der Seele, sie solle sich ihr Bildnis ansehen, die unerbittlichen spirituellen Maßstäbe vor Augen. Die Seele, zu dieser Schau gezwungen, führt einen Kampf, der umso härter ist, je weiter sie sich vom spirituellen Mittelpunkt entfernt hatte.

Nichts kann diese Zustände so gut erklären wie die Terminologie der analytischen Psychologie. Die Seele ist der Kampfplatz eines Konfliktes zwischen ihren höheren und ihren niederen Aspekten.

Dieser Konflikt ist subjektiv und drückt sich in den Bildern des astralen Traumes aus, und diese Bilder erzeugen den ‚Ort', den wir gemeinhin das Läuterungsfeuer nennen, denn im Läuterungsfeuer müssen wir erzwungenermaßen die Bedeutung unserer Taten und Untaten erkennen. Der Schauplatz des Läuterungsfeuers, so oft von Heiligen und Medien beschrieben, ähnelt dem Traumzustand, Träume von Seelen, die der Wahrheit ins Gesicht sehen müssen. Die Szenerie ist aber nicht einfache Phantasterei, sondern steht in bestimmter symbolischer Verbindung zu den Problemen der Seele, der Evolution und den kosmischen Reaktionen. Jede Seele hat ihre eigene persönliche Symbolik aus den Erfahrungen ihrer Geschichte entwickelt, genauso wie wir sie in der psychoanalytischen Deutung von Träumen finden. Dazu kommt noch der Symbolismus ihrer Religion, den sie mit allen Anhängern ihres Glaubens teilt. Die Hölle der Christen wird deshalb anders aussehen als die Hölle der Mohammedaner. Sie werden aber auch vieles gemeinsam haben, denn bestimmte Symbole gelten für alle Menschen, da sie aus der Erfahrung der Menschheit insgesamt entstanden sind, wie der Schmerz des Verbrennens oder die Marter des Durstes.

Jede einzelne Seele lernt aus diesen Traumbildern, daß schlechte Taten unweigerlich Leiden nach sich ziehen. Sie muß sich den Folgen ihrer schlechten oder gedankenlosen Taten stellen und darf die Augen nicht abwenden. Sie fühlt die Erlebnisse des Traumes ‚hautnah', als ob sie Wirklichkeit wären. Der ehrgeizige Sisyphus muß seinen ewigen Stein den Berg hinaufrollen und darf nicht ausruhen; und Tantalus, dem Trinker, rutscht der Kelch von den Lippen. So macht jeder die Erfahrung, wie sinnlos seine Schwächen sind.

Der Eingeweihte hat nie an die fürchterlichen Doktrin der ewigen Strafe geglaubt. Kein Medium hat je diesen Glauben bestätigt. Kein Geist aus Jenseits hat je davon berichtet. Was kann ein Mensch in der kurzen Zeitspanne zwischen Geburt und Tod tun, um sich diese Strafe zu verdienen?

Allerdings berichtet jeder Geist vom Läuterungsfeuer und hat einen gesunden Respekt davor. Doch es sind nicht die Flammen der ewigen Qual, sondern das reinigende Feuer, das die Seele veredelt, so wie das Gold im Ofen schmilzt, bis alle Unreinheiten verschwunden sind und es pur und kostbar geworden ist. Das bedeutet nicht, daß die Unreinheiten einer Evolution im Läuterungsfeuer eines einzigen Todes weggebrannt werden können. Wenige Seelen sind schon so rein und stark, daß sie eine solche Behandlung aushalten könnten, ohne sich in ihre Einzelteile aufzulösen. Deshalb wird uns bei einem Durchgang durchs Läuterungsfeuer nur gezeigt, was wir ertragen und verarbeiten können. Wir dürfen einen Teil unseres Karma tilgen, den Rest tragen wir, wenn wir zur Erde zurückkommen, weiter mit uns herum, und dieses ungesühnte Karma schafft uns Leiden im nächsten Leben. Nach und nach gleichen wir unser Karma durch unsere Erfahrungen im Läuterungsprozeß oder auf Erden aus. So kann die Seele wachsen.

Primär ist das Läuterungsfeuer eine subjektive Erfahrung, aber ganz subjektiv ist sie nicht. Durch die lebhaften Gefühle und Träume der Seelen, die durch diese Erfahrung gehen, entsteht um sie herum eine reale Atmosphäre. Auf der Astral-Ebene gibt es weder Raum noch Zeit, wie wir sie kennen. Aber ein Gefühlszustand ist auch eine Art Ort, und alle, die in derselben Verfassung sind, ziehen sich gegenseitig an. Da ist es kein Wunder, daß sich aus der Atmosphäre, geschaffen von all den körperlosen Seelen im Kampf gegen ungesättigte Lust und ungestillten Haß, die Szenerie der Hölle bildet!

Alle Seelen, die hassen, alle Seelen, denen es nach sinnlichen Begierden lüstet, sammeln sich und erzeugen eine geballte Atmosphäre, die es der höher entwickelten Seele – also der Seele, die Möglichkeiten zur Tilgung ihrer Schuld hat – ermöglicht, dieses Karma aufzuarbeiten. Laster, die uns selbst unbedeutend erscheinen, sehen ganz anders aus, wenn wir sie inmitten von unzähligen Seelen erleben, die sie bis zum Exzeß ausleben. Sexuelle Ausschweifungen eines einzelnen mögen nicht schlimm sein, aber auch ein in dieser Hinsicht abgehärteter Gewohnheitsmensch wird Ekel empfinden, wenn er sein Laster in Gesellschaft von tausenden anderer ausüben muß, die alle genau dasselbe tun, und er nicht aufhören darf, wenn er genug hat, weil er wohl oder übel von den anderen mitgerissen wird. Das ist der wirksamste Weg zur Läuterung, und die Hüter des Karma machen vollen Gebrauch davon.

Hat hingegen eine Seele ihre Schwächen schon während des Erdenlebens überwunden oder hat sie ihnen nicht allzusehr nachgegeben, ist ihr Durchgang durch die wallende Hitze des Läuterungsfeuers kurz, ihr Kampf gegen die Strömung wird sie bald befreien und ans Ufer werfen. Aber jeder muß sich seinen Schwächen stellen – in Gesellschaft derer, die sie teilen. Keine Messen, keine Kerzen und keine Gebete können ihm das ersparen. Als einziges können wir mit unseren Gedanken einen Strom geistiger Kraft an die Seelen schicken, damit sie schneller zu Einsicht und Umkehr kommen.

Viele Menschen machen sich Sorgen über das Schicksal eines lieben Verstorbenen, der in Sünde und ohne Reue gestorben ist. Es mag sie trösten zu wissen, daß bei Seelen im Läuterungsfeuer heilende geistige Kräfte ebenso wirksam angewandt werden können wie Fernheilung bei inkarnierten Seelen. Wenn wir im Leben telepathisch miteinander kommuniziert haben, gibt es keine Schwierigkeiten, das mit denselben Partnern auch nach dem Tode zu tun. Wenn einer von beiden die Fesseln der Materie abgelegt hat, ist es sogar noch einfacher.

Eine gute geistige Übung ist, jeden Abend den Ereignissen des Tages in umgekehrter Reihenfolge nachzugehen, das heißt: sich vom Abend bis zum Morgen zurückzudenken. Am Anfang mag das verwirrend erscheinen, weil sich unser Denken an die Richtung Ursache – Wirkung gewöhnt hat. Aber die Umstellung ist nicht schwierig.

Zwei Gründe gibt es dafür: Man zwingt seine Gedanken, anders als in die gewohnte Richtung zu gehen und so vielleicht den Schleier der Geburt zu lüften und Erinnerungen an vergangene Inkarnationen zu wecken, und die karmische Schuld wird in Grenzen gehalten. Wenn wir jeden Tag unsere Fehler aufarbeiten, verhindern wir, daß sich diese Schuld vergrößert. Wenn wir die Fehler allerdings aufarbeiten und am nächsten Tag neu begehen, dann tun wir uns nichts Gutes, denn obschon wir diesen spezifischen Teil des Karma neutralisieren, laden wir uns etwas viel Größeres und Unangenehmeres auf: Wir sichern uns in der Hölle einen Platz für Scheinheilige. Es wird kaum etwas Schmerzhafteres geben, als einem Scheinheiligen die Maske herunterzureißen und ihm bis in die Tiefe seiner selbstbezogenen feigen Seele zu entblößen. Die Mühlen Gottes mahlen zwar langsam – aber *so* langsam nicht!

Eines sollten wir nie vergessen: Das Läuterungsfeuer straft nicht, es verzeiht nicht, es heilt. Das Ausbrennen durch Feuer säubert die septischen Wunden, die uns das Leben geschlagen hat. Nach dem ätzenden Schmerz verheilen die Wunden glatt. Deshalb sollten wir in diesem Leben alles aufarbeiten, was wir, sei es aus Bosheit, Irrtum oder Schwäche, falsch gemacht haben. Wenn wir uns selbst von unseren Lastern befreien, brauchen wir die Lektion der Hölle nicht mehr. Wenn unsere Stunde kommt, schreiten wir mit mutig und sicher über die Schwelle, und der Alptraum dauert nicht lange. Der Gang zum Läuterungsfeuer gleicht einem Besuch beim Zahnarzt: Es wird zwar mehr oder minder wehtun, doch wir können es ertragen. Danach wird es uns besser gehen. Vor allem aber dürfen wir eines nicht vergessen: Wir sind in guten Händen.

11

DIE GEISTIGE WELT

Über diese Welt wird oft bei medialen Kontakten berichtet. Viele fühlen sich davon abgestoßen, denn in ihren Augen ähnelt diese Welt zu sehr der Welt der Materie. Da lesen sie von Hans oder Peter, die Zigarren rauchen und Sekt trinken. Das soll alles sein? Oder sie lesen von vergoldeten Räumen und ständigem Harfengedudel, und das sagt ihnen auch nicht zu. Andere Geistwesen beschreiben diese Welt anders: Als eine Welt mit ‚Niveau‘, in der Künstler wunderbare Bilder malen oder Wissenschaftler die Geheimnisse der Natur mit einem einzigen Blick ‚durchschauen‘. Hier fühlen wir instinktiv: Das ist zu schön, um wahr zu sein, hier ist etwas faul. Wenn diese Welt wirklich so wäre, würden wir uns schon bald schrecklich langweilen, denn Vollkommenheit zu erlangen, ohne dafür kämpfen zu müssen, ist kein Vergnügen. Das Größte an der Freude am Sieg ist der Triumph über die Schwierigkeiten. In einem Jenseits, in dem diese Anstrengungen fehlen, bleibt auch die Befriedigung aus.

Viele Menschen vermissen in diesen Erzählungen ihre Lieben; ein Jenseits ohne sie, mag es noch so schön sein, interessiert sie nicht.

Alles in uns sträubt sich gegen diese widersprüchlichen Aussagen. Was also ist dazu zu sagen? Sind sie alle falsch? Wie sollen wir sie einordnen?

Als erstes müssen wir uns klarmachen, daß das Jenseits kein Ort ist, sondern ein Bewußtseinszustand. Der reine Geist ist unabhängig von Raum und Zeit, wie wir sie verstehen. Das wissen wir aus unseren Träumen, seien es

Nachtträume oder Tagträume. In der Phantasie sind wir schnell im alten Ägypten oder im fernen China, und vom Standpunkt des Bewußtseins aus sind wir wirklich dort. Wir sehen die Menschen, die Landschaft von damals, hören den Lärm und den Klang jener Zeit so deutlich, wie es unsere Vorstellungskraft zuläßt.

In der ersten Zeit nach dem Tod sind wir nichts als ein Geist ohne Körper und gehorchen den Gesetzen des Traumbewußtseins. Das Läuterungsfeuer ist unser Traum von Reue und Sühne, in der geistigen Welt werden unsere Wünsche erfüllt. Freud erzählt die Geschichte eines kleinen Jungen, dessen besorgte Mutter ihm die Kirschen genau abzählte. Beim Erwachen am nächsten Tag verkündete er triumphierend: „Hermann hat alle Kirschen gegessen". Sein Traum hatte ihm den unbefriedigten Wunsch vom Vortag erfüllt.

So bringen uns die Träume während des Todesschlafes in der Jenseits-Phase Wunscherfüllung. Allerdings sind sie mehr als eitle Befriedigung einer Laune. Sie erwachsen aus der intensiven Beschäftigung des Geistes mit seinen Hoffnungen und Idealen. Diese mögen uns zwar nicht immer sehr erhaben erscheinen, sind aber für die Erfahrungsphase repräsentativ, die die betreffende Seele in ihrer Entwicklung soeben durchläuft. Die Seele muß die Realisation ihrer Hoffnungen erleben, damit sie etwas lernen kann. Der mohammedanische Himmel mit seinen Huris mag für westliche Menschen keine große Anziehungskraft haben, aber er war mächtig genug, tausende von fanatischen Anhängern in den Opfertod zu treiben, um den Ungläubigen den ‚richtigen' Glauben zu bringen. Dieser Glaube hat bei Stämmen viel Gutes bewirkt, die so primitiv waren, daß sie eine anspruchsvollere Lehre nicht verstanden hätten. Wir dürfen den Himmel eines anderen nicht nach unseren Meßstäben messen. Sein Himmel ist seine Wunscherfüllung, nicht die unsere. Der Himmel eines Einbrechers hätte wahrscheinlich offene Fenster und Türen.

Rufen wir die Geister der Verstorbenen zurück, damit sie uns von der Welt des Jenseits berichten, dann erzählen sie uns ihre Träume, die sie im Schlaf des Todes erleben. Nur wenn wir das Glück haben, eine Seele zu erreichen, die frei ist vom großen Rad der Wiedergeburt und die, statt in die Ruhe einzugehen, auf den Inneren Ebenen weiter ihr gutes Werk für die Menschheit ausübt – also: wenn wir mit einem Meister in Verbindung treten – nur dann bekommen wir ein wahres Bild von der geistigen Welt und ihrer Beschaffenheit.

Ein Mensch, der kürzlich hinübergegangen ist, sieht nur einen Teilaspekt, nicht das Ganze, ähnlich wie ein Patient, der im Krankenhaus im Bett liegt, kaum etwas vom Ablauf dieses Krankenhauses erzählen kann.

Berichte von Führern und helfenden Freunden, die den Verstorbenen beistehen, entsprechen in etwa den Berichten über dasselbe Krankenhaus einer jungen Krankenschwester im Probejahr. Erst wenn wir die Vorlesungen der Professoren für ihre Studenten gehört haben, begreifen wir allmählich die Bedeutung und die Ausdehnung dieser großen Institution.

Das Läuterungsfeuer ist eine Art Hospital für kranke Seelen, wo sie geheilt werden. Die Welt des Jenseits ist erst ein Erholungsheim, und dann eine Schule. Manchmal ist sie eine Hochschule. In den unteren Ebenen des Jenseits ruhen die Seelen aus, indem sie angenehme Träume träumen, die sie besänftigen und glücklich machen. Wenn diese Phase vorüber ist, kommt die nächste.

Um die Bedeutung dieser Zwischen-Inkarnations-Phasen zu begreifen, müssen wir uns in die entsprechende Philosophie vertiefen. Wie oben erwähnt, sind Himmel und Hölle Bewußtseinszustände und keine Örtlichkeiten. Aber letztlich werden wir feststellen, daß auch die Erde ein Bewußtseinszustand ist. Die moderne Physik hat bewiesen, daß Materie nur eine Form von Energie ist, die uns, da sie im Gleichgewicht ist, statisch erscheint. Feste Materie gibt es nicht. Wenn wir über den Kohleneimer stolpern und uns am Knie verletzen, sind wir in Wirklichkeit über elektrische Widerstände gestolpert. Inkarnation ist der Bewußtseinszustand, der diese Energieformen erkennt. ‚Entkarnation' oder Tod ist der Bewußtseinszustand, der sie nicht mehr wahrnimmt, weil er subjektiv geworden ist und nur noch den Inhalt seines eigenen Bewußtseins wahrnimmt. Im Tod werden die Tore der Sinnesorgane geschlossen. Sonst ändert sich nichts. Wenn sich das Bewußtsein eines Menschen auschließlich auf die physischen fünf Sinne begrenzt – aber solche Menschen sind selten – ist er ebenso in seine Gedanken eingeschlossen und somit unerreichbar wie ein Schläfer in seinem Bett.

Aber: Bringt dieser Schlaf des Todes nur angenehme Träume und Ruhe? Nein, er vermag viel mehr. Jeder, der sich spirituell beschäftigt und meditiert, weiß, wie mächtig sich intensive Konzentration auf ein spirituelles Ziel auswirken kann. Die Berge der Mediation sind das Hochland des Himmlischen Reiches. Die Seele, die sich von ihren Sinneseindrücken freigemacht hat, bildet Gedankenformen und arbeitet mit Autosuggestion. Diese Prozesse sind wichtig, um dem Gefäß Form zu geben, in dem, wenn die Zeit dafür reif ist, die Wiedergeburt erfolgt.

Der Künstler, der von seiner kosmischen Leinwand träumt, konstruiert seine künftigen Fähigkeiten. Auf Erden war die Verwirklichung seiner Vision durch die Geschicklichkeit seiner Hand begrenzt. Im Jenseits gelten diese Beschränkungen nicht, er kann verwirklichen, was er sieht. So übt er sich, und wenn er reinkarniert, hat er sich schon halbwegs ein Gefäß für die Seele gebaut, in dem Auge und Hand mit seiner inneren Vision zusammenarbeiten und ihr Form geben. Ein Leben nach dem anderen, voller Anstrengung, zusammen mit den Zwischenperioden der Meditation auf den Inneren Ebenen, lassen die Seele langsam zu dem werden, was sie sein will. Sind ihre Wünsche unlauter oder falsch, neutralisieren die immer wiederkehrenden Läuterungsprozesse ihre Anstrengungen. Wie beim Gewand für Laertes, das Penelope am Tag wob und bei Nacht wieder auftrennte. Was wir in unserem Erdenleben erkannt, aber nicht erreicht haben, gelingt uns im Jenseits. Durch diese subjektiven Leistungen entsteht eine bestimmte Fähigkeit, und wenn wir in die Inkarnation zurückkehren, tragen wir die Anlage zur Leistung schon in uns. Unser Leben ist sinnvoll gewesen, wenn es uns Erkenntnis gebracht hat, auch wenn wir diese Erkenntnis nicht haben umsetzen können, denn im nächsten Leben werden wir der Vollendung ein Stück näher rücken.

12

KONTAKT MIT DEN VERSTORBENEN

Soll man zu den Verstorbenen Kontakt aufnehmen? Die Frage ist umstritten. Manche sind davon überzeugt, daß Kommunikation mit den Verstorbenen weder unrecht noch schädlich sein kann. Andere – unter ihnen viele Okkultisten – haben ernstliche Vorbehalte gegenüber jeglichem Versuch, sich mit den Toten in Verbindung zu setzen und glauben, daß sowohl die Toten wie die Lebenden dabei zu Schaden kommen könnten.

Wie in vielen anderen Fragen, liegt die Wahrheit in der goldenen Mitte. Untersuchen wir einmal die beiden Ansichten. Wir müssen uns klarmachen, was bei der Kommunikation mit den Verstorbenen wichtig ist, und wie unsere Beziehungen mit ihnen sein sollten, denn wir stehen ständig mit ihnen in Verbindung, ob wir uns dessen bewußt sind oder nicht. Solange sie in unserer Erinnerung lebendig sind, und wir Gefühle wie Liebe, Trauer, Groll oder Furcht für sie hegen, besteht das ehemalige seelische Wechselspiel fort. Unsere Beziehungen zu den Verstorbenen sollten daher auf einer soliden Grundlage stehen. Dazu gehört eine gute Kenntnis der Bedingungen, die in den Stadien zwischen den einzelnen Leben herrschen.

Der Mensch, der eben gestorben ist, hat immer noch dasselbe Bewußtsein wie auf der irdischen Ebene. Er wacht aus dem Todesschlaf, in den der Große Anästhesist ihn hat sinken lassen, in derselben Gemütsverfassung auf, in der er vor dem Sterben war. In diesem Zustand ist er von der Irdischen Ebene aus leicht erreichbar. Wenn seine

Erinnerungen durch den Kontakt über ein Medium nicht lebendig gehalten werden, ändert sich dieser Zustand schnell. Ist der Charakter der körperlosen Seele ausgeglichen, wird es weder dem Toten noch den Lebenden schaden, in dieser Phase Grüße auszutauschen. Fühlt sich die dahingegangene Seele noch durch ungelöste Probleme bedrückt oder ist sie über das Schicksal ihrer Hinterbliebenen beunruhigt, sollte man ihr die Gelegenheit geben, ihre Bürde abzuladen und die Dinge zu erledigen, die der Tod verhindert hat. Es gibt Seelen, die sonst nicht zur Ruhe kommen, und in diesem Zwischenstadium steckenbleiben und immer wieder angstvoll versuchen, sich auf der Irdischen Ebene Gehör zu verschaffen. Ein Medium kann solchen Seelen helfen.

Wir dürfen aber nicht vergessen, daß bei einem normalen Sterbevorgang diese Phase verhältnismäßig kurz ist – höchstens ein paar Monate. Wenn wir durch pausenlose ‚Anrufe' über ein Medium die Aufmerksamkeit der körperlosen Seele auf die Irdische Ebene lenken, kann es passieren, daß die Seele den zweiten Schlaf verpasst und damit den zweiten Tod. Die Folge wäre eine astrale Schlaflosigkeit, sie müßte rastlos ‚umherwandern', wie es so schön heißt. Geister werden erdgebunden, indem man ihnen zu lange den astralen Schlaf vorenthält, und sie sich an das Zwischenstadium gewöhnen, statt die einzelnen Phasen des Todes weiter zu durchlaufen und das nächste Stadium zu erreichen.

Im allgemeinen mag es gerechtfertigt erscheinen, nach dem Hingang geliebter Menschen ein- oder zweimal mit ihnen in Verbindung zu treten; aber damit fortzufahren, ist nicht ratsam – es ist wirklich nicht gut, weder für uns noch für sie. Die Toten sollen sich in Frieden voll und ganz ihren Aufgaben im neuen Leben widmen. Auch wir müssen gewisse Gefahren in Betracht ziehen: Kontakt mit den nicht-körperlichen Existenzzuständen kann auf die Lebenden eine eigenartige Wirkung haben, da er sie vom objektiven Leben ablenkt und das Bewußtsein verwirrt.

Diese Gefahr besteht auch dann, wenn die kommunizierenden Wesen zu den höchsten gehören. Jeder, der mit diesen Phänomenen Erfahrung hat, weiß, wie vorsichtig man die Tore hinter sich schließen muß, wenn man, nachdem man das Haus der Materie verlassen hatte, dahin zurückkehren möchte. Unerfahrene Menschen verstehen weder die Notwendigkeit noch den Ablauf dieses Vorgangs.

Das hochentwickelte Medium arbeitet mit der Hilfe guter Führer, die selbst darauf achten, daß der Vorhang auf ihrer Seite des Schleiers geschlossen wird. Einem Teilnehmer einer Sitzung, der keinen Führer als Schutz hat, raucht, wenn er aus dem Zimmer kommt, vielleicht von all den Erfahrungen, die er gemacht hat, der Kopf und manch einer, der sensitiv ist, gerät vielleicht selbst in einen medialen Zustand. Ein Hellsichtiger wird ihn ohnehin von einer Menge Wesen umringt sehen, die während der Sitzung von ihm angezogen wurden, und die sich am Schluß nicht entfernen wollen. Geschulte Medien vergessen meistens ihre Erfahrungen auf den Inneren Ebenen, sobald die Tore hinter ihnen geschlossen sind. Das Gedächtnis bleibt leer, bis gedankliche Konzentration die Erinnerungen wieder herbeiruft. Für die innere Harmonie und die Gesundheit des Mediums ist es daher wichtig, die Bewußtseinsebenen streng auseinanderzuhalten, das ist die erste Technik, die es lernen muß.

Der unerfahrene Sitzungsteilnehmer hat eine solche Technik nicht und vielleicht auch niemanden, der ihm mit Rat zur Seite steht. Die Folgen sind unbefriedigend, wenn nicht gar verheerend: Leichtgläubigkeit nimmt zu, bis die Grenzen des rationalen Denkens überschritten sind. Die Folge ist eine geistige Störung.

Wenn sich Fachleute damit beschäftigen, sieht das Ganze anders aus. Sie haben meist mit Wesen zu tun, die sehr verschieden sind von denen, die auf den Ruf der Hinterbliebenen herbeikommen. Es handelt sich um Wesen, die bewußt und intelligent zu einem Gelingen der Untersuchung beitragen, oder aber um Wesen, die von anderen Geist-Mitarbeitern herbeigerufen worden sind. Überdies wissen Fachleute, eben weil sie entsprechend geschult sind, wie sie die Untersuchung leiten müssen, damit niemand zu Schaden kommt.

Daß die Menschen, die einen ihrer Lieben verloren haben, sich auf jede Quelle stürzen, die Hoffnung auf erneuten Kontakt verspricht, ist nur allzu verständlich. Aber Vernunft und Vorsicht sind dabei geboten, denn allein die Tatsache, eine Botschaft erhalten zu haben, genügt nicht: Wir müssen sicher sein, daß wir sie unter Bedingungen erhalten, die weder den Lebenden noch den Toten schaden, und diese Bedingungen müssen sorgfältig beachtet werden – unter Erwägung aller Gegebenheiten der körperlosen Seele.

Früher trennte ein Abgrund die Lebenden von den Toten. Bei der Überwindung dieser Grenze hat die spiritualistische Bewegung unschätzbare Dienste geleistet. Ein Mensch mit Verstand, der sich eingehend mit dem Beweismaterial beschäftigt, kann ein Leben nach dem Tod des Körpers nicht mehr in Frage stellen. Also gibt es nur eines, was wir für unsere Verstorbenen tun können: die Tatsache des Lebens nach dem Tod zu akzeptieren und sie in Frieden ihren Weg weitergehen lassen. Wenn sie uns brauchen, haben sie von sich aus die Möglichkeit, mit uns Kontakt aufnehmen. Erklärt ein Medium jedoch spontan, daß ein Wesen aus der geistigen Welt mit uns in Kontakt treten möchte, und die Botschaft offensichtlich echt ist, sollten wir mit der Antwort nicht zögern. Aber hier ist, wie überall, Vorsicht geboten: Medien sind auch nur Menschen.

Es gibt Medien, die, sobald sie von einem Todesfall hörten, versuchen, mit den Hinterbliebenen Verbindung aufzunehmen und sie zu einer Sitzung zu veranlassen – natürlich gegen Honorar.

13

KRANKHAFTE STÖRUNGEN DES STERBEVORGANGS (1)

Bis jetzt haben wir uns mit dem normalen Vorgang des Sterbens auseinandergesetzt. Wenn wir den Tod und seine Probleme jedoch verstehen wollen, müssen wir uns auch mit den unnatürlichen Sterbevorgängen beschäftigen, bei denen die Seele nicht aus den Banden der Materie entlassen wird und ungebührlich lange im Zwischenstadium verweilt.

Aus zwei Gründen kann der Sterbevorgang von der Normalität abweichen: Der Gemütszustand des im Sterben liegenden Menschen hindert ihn daran, in den Todesschlaf zu sinken; oder er scheidet normal, will aber oder kann seinen Zweiten Tod nicht annehmen und verharrt auf unbestimmte Zeit im Zwischenstadium. Je länger dieser Prozeß dauert, desto anormaler wird er. Alle diese gestörten Sterbevorgänge weisen eine Anzahl verschiedener Formen auf, die wir im einzelnen untersuchen müssen. Es ist ein Thema, das Angst macht, aber die beste Art, diese Angst zu überwinden ist, ihr ins Gesicht zu sehen. Überdies wissen wir nicht, wann wir selbst mit diesen Problemen konfrontiert werden. Wenn wir sie verstehen, verlieren sie den Schrecken, den ihnen der Volksglaube angehängt hat. Wir trauen uns, sie anzusehen, dann können wir sie erfolgreich behandeln. Ob ein Mensch die einzelnen Stadien seines Todes in Harmonie durchläuft, hängt von seiner Gemütsverfassung im Moment des Todes ab, oder, besser ausgedrückt, von seiner Haltung dem Tod gegenüber.

So, wie der Verlauf der Geburt von der Lage des unge-
borenen Kindes vor dem Tor des Lebens – dem Knochen-
gürtel des mütterlichen Beckens – bestimmt wird, so wird
der Verlauf des Todes von der ‚Lage‘ der Seele vor dem
Todestor bestimmt. Genauso wie das Kind normalerweise
mit dem Kopf zuerst ins Leben eintritt, sollte die Seele aus
dem Leben gehen, indem sich das höhere Bewußtsein von
irdischen Dingen löst und die niederen Bereiche nach sich
zieht. Wird die Seele zuerst aus dem verfallenden Körper
hinausgepreßt, bevor das höhere Bewußtsein im ‚Unbe-
kannten‘ Fuß gefaßt hat, kann der Vorgang sehr mühsam
sein. Medien treffen oft auf den Inneren Ebenen Seelen, die
verwirrt und verloren umherirren, bis sie sich an das neue
Leben gewöhnt haben. Der größte Teil der Arbeit auf den
Inneren Ebenen besteht darin, diesen wandernden Seelen
zu Hilfe kommen und ihnen den rechten Platz anzuwei-
sen.

Aus diesem Grund beten wir in der Kirche darum, uns
vor dem plötzlichem Tod zu bewahren, denn die Seele
muß ihre Vorbereitungen treffen, bevor sie sich aus dem
Körper zurückzieht. Die Seele eines Menschen, der gewaltsam umgekommen ist und im selben Augenblick gestorben ist, oder der stirbt, ohne das Bewußtsein wiedererlangt
zu haben, muß gewisse Schwierigkeiten überwinden, die
beim langsamen natürlichen Sterben nicht auftreten. Aber
die Helfer auf den Inneren Ebenen sind wachsam wie
Habichte und eilen den Seelen, die gewaltsam aus dem
Leben geworfen worden sind, beim ersten Notsignal auf
schnellen Schwingen zu Hilfe. Es kommt selten vor, daß
kein Freund die Seele im Jenseits erwartet, wenn sie ins
neue Leben eintritt.

Wurde sie jedoch gewaltsam und sozusagen rücklings
von der Irdischen Ebene ausgestoßen, voller Kampf und
Widerstand, dann richtet sich ihr Blick auf die soeben
verlassene Ebene, und nichts kann sie bewegen, sich in
Richtung der Ebene, die sie betreten soll, umzudrehen. Es
handelt sich also um einen Fall von anormaler Lage, und

nur mit viel Geschick kann die Normalität wieder erreicht werden.

Auch für einen Menschen, der unter großer Todesangst leidet, ist die Ausgangslage schlecht, und er wird mit Schmerz, Gefahr und Schwierigkeiten ins nächste Leben geboren. Wenn er bis zum letzten Atemzug gegen den Tod ankämpft, kann der Große Anästhesist sein barmherziges Werk nicht vollbringen, und die Seele muß bei vollem Bewußtsein den Sterbeprozeß durchlaufen. Solche Seelen realisieren im allgemeinen nicht, daß sie gestorben sind, da sie Tod mit dem Erlöschen des Bewußtseins gleichsetzen. Stellen sie dann fest, daß sie ihr Bewußtsein behalten haben, und damit ihrem Körper – zumindest in ihrer Vorstellung, wenn auch ohne Gefühl und Gewicht – so ist es ungemein schwierig, sie zu überzeugen, daß sie das Tor des Todes bereits durchschritten haben und körperlos sind. Sie sehen sich selbst in der gewohnten Gestalt und können nicht realisieren, daß diese nur eine Gedankenform ihrer eigenen Einbildung ist, und niemand sie sehen kann, außer vielleicht ein Medium. Natürlich assoziieren sie diese Form mit der ihr vertrauten Umgebung, und da sie sich dorthin denken, sind sie ipso facto dort und können von medial Begabten wahrgenommen werden. Auch ihre Freunde spüren, wenn sie sensitiv sind, ihre Gegenwart.

Der Mensch, der seinem Tod bewußt entgegensieht, weiß, was ihn erwartet, und wenn er aus dem Todesschlaf erwacht, ist er auf die Körperlosigkeit vorbereitet und kann sich ihr problemlos anpassen. In der Tat haben die Menschen, die von der Schwelle zum Tod zurückgekehrt sind, oft berichtet, daß sie beim Wiedererlangen des Bewußtseins im irdischen Körper höchst erstaunt waren, noch am Leben zu sein. Nur mit Mühe waren sie davon zu überzeugen, daß sie nicht tot sind.

Der Verstorbene, der nicht weiß, daß er tot ist, erleidet verständlicherweise einen Schock, wenn er merkt, daß die Verbindung zu seinen Lieben abgeschnitten ist. Er spricht sie an, aber sie antworten ihm nicht. Er streckt seine Hand aus, um sie zu berühren und ihre Aufmerksamkeit auf sich zu lenken, die Hand geht durch die Schulter hindurch. Für ihn sind sie Gespenster, und er ist völlig durcheinander. Auf den ihm vertrauten Wegen wandert er von Ort zu Ort und versucht, mit seinen Freunden und Bekannten Kontakt aufzunehmen, doch die sind taub. Bis er vielleicht auf einen medial Begabten trifft, der seine Gegenwart spürt.

Nun kommen wir zu einem sehr wichtigen Punkt: Bitte seien Sie äußerst vorsichtig, wenn Sie sich mit einer von panischer Angst erfaßten körperlosen Seele einlassen. Sonst kann es Ihnen ergehen wie dem Mann, der einen Ertrinkenden retten wollte. Einen Rettungsversuch, für den man nicht geeignet ist, sollte man besser unterlassen und Hilfe bei einem erfahrenen Menschen suchen, der die wandernde Seele in Obhut nehmen und ihr den Weg zur Weiterreise ins volle Licht zeigen kann. Nie dürfen wir vergessen: Für die Seele, die die Grenze einmal überschritten hat, liegt der Weg zum Licht vor ihr und nicht hinter ihr. Man sollte höchstens versuchen, sie mit allen Mitteln von der Irdischen Ebene fortzubringen, damit sie nicht auf dem dunkeln und schlüpfrigen Ufer Fuß faßt, das zu den Wassern des Lethe führt. Sie soll umkehren, und zum anderen Ufer schwimmen, ob sie nun will oder nicht. Sie zu ihrem Glück zwingen, ist ein Freundschaftsdienst, wie sehr sie auch dagegen ankämpfen mag. Sie wird es schaffen, wenn sie es nur versucht. Mit jeder Schwimmbewegung vom dunklen Ufer des Tod-im-Leben weg kommt sie dem Leben-nach-dem-Tod näher. Sie kämpft sich durch die Nacht ins Morgenlicht, und mit jedem Schritt wird der Weg heller. Wir sollen die Toten nicht fürchten, wenn sie zu uns kommen, doch ebenso wenig sollten wir einem von Panik erfaßten körperlosen Wesen erlauben, sich wie ein Ertrinkender an unseren Hals zu hängen, bei dem krampfhaften Versuch, sich nicht aus Form und Gestalt vertreiben zu lassen. Die Feigheit einer kürzlich verschiedenen Seele darf unser Mitleid erregen, aber nicht unsere Sympathie, und nachgeben sollten wir ihr schon gar nicht. Dies zu tun, wäre nicht nur keine Hilfe, sondern würde sie zu einem schrecklichen Schicksal verurteilen, dem Schicksal des Erdgebundenseins. Unter allen Umständen muß eine solche Seele dazu bewogen werden, die Welt der Form loszulassen und sich auf die Reise ins Große Licht zu machen, das auch ihr dunkles Bewußtsein erhellen wird.

Der Mensch, der bei einem Unfall stirbt und plötzlich im vollen Besitz seiner Fähigkeiten auf der anderen Seite steht, ist gewöhnlich nicht verstört, wohl aber betäubt, weil der Tod so schnell gekommen ist. Er fühlt nichts, sein Gedächtnis ist leer oder funktioniert nur sehr langsam und zusammenhangslos. Die Zeitungen berichten oft von der außerordentlichen Tapferkeit der Schwerverletzten bei einem Unfall. Wer je in einen Unfall verwickelt war, weiß, daß der Schock sein eigener Anästhesist ist, und daß Schmerz und Zusammenbruch erst später folgen. Oft merkt der Betroffene nicht einmal, daß er verletzt ist, bis jemand ihn darauf aufmerksam macht. Die Schwere der Verletzung steht nicht immer im Verhältnis zum Geschrei der Verletzten.

Menschen mit einer Kopfverletzung dämmern manchmal tagelang oder wochenlang vor dem eigentlichen Ende dahin. Meistens sind sie dann auf den Inneren Ebenen ebenso bewußtlos wie auf der irdischen Ebene.

Wenn das Ende kommt und der Körper bereit ist, die Seele zu entlassen, kann es kurze Traumperioden geben, in denen sie mehr oder weniger deutlich einen Blick auf die Inneren Ebenen erhascht. Hier können wir der Seele mit dem Totenritual helfen. Auch wenn der Mensch in tiefer Bewußtlosigkeit liegt, sollten wir bis zu seinem letzten Atemzug weiterbeten. Wer nicht persönlich an der Seite des Sterbenden sein kann, stelle sich vor, er wäre dort; dann ist er im Geiste dort, und die Seele, die zu jenseitigem Bewußtsein erwacht, wird ihn sehen, auch wenn niemand sonst sie sehen kann. Das ist eine große Hilfe. Die Seele ist unbewußt für den Abschied vorbereitet, auch wenn sie selbst keine bewußten Vorbereitungen treffen konnte.

14

STÖRUNGEN DES STERBE-VORGANGS (2)

Wie wir gesehen haben, kann große Angst die Seele davon abhalten, in den Todesschlaf zu sinken und in normaler und harmonischer Weise die einzelnen Stadien des Sterbens zu durchlaufen. Auch hier gibt es wieder zwei Arten von Angst: Die Angst des Menschen, der seinen Tod nicht annehmen will, wenn seine Stunde kommt, und die Angst des Menschen, der angegriffen wird. Im letzteren Fall ist es nicht die Angst vor dem Tod, sondern vor dem Angreifer. Diese Angst läßt die so gewaltsam aus dem Leben geworfenen Seelen den Todesschlaf nicht finden. Sie realisieren nicht, daß sie körperlos und für den Angreifer nicht mehr erreichbar ist. Eine kurze Zeit herrschen Schrecken und Verwirrung, aber die unsichtbaren Begleiter kommen schnell zu Hilfe. Um das Schicksal unschuldiger Opfer von Gewalttaten brauchen wir uns nicht zu sorgen: sie finden bald ihren Platz, werden beruhigt und sanft auf ihren Weg gebracht.

Die Gedankenform der Angst hingegen ist etwas anderes. Sie kann am Ort, wo die Gewalttat geschah, als äußerst lebhaftes Bild in der mentalen Atmosphäre fixiert bleiben. Kommt jemand in die Nähe, dessen Ätherkörper nicht so dicht ist, und der gewisse Fähigkeiten als Materialisationsmedium hat, können diese Gedankenformen schattenhafte Gestalt annehmen, und sogar der Lärm des Kampfes wird wieder hörbar. Jedem sollte aber klar sein, daß das unglückliche Opfer der Gewalttat nicht erdgebunden und gezwungen ist, am Tatort herumzuspuken. Nur das vom

Mörder und seinem Opfer geschaffene mentale Bild bleibt. Niemand leidet. Die Atmosphäre ist furchteinflößend und ungemütlich, aber nicht gefährlich und kann durch geeignete Maßnahmen gereinigt werden. Geeignete Methoden für Menschen, die im Okkultismus ungeübt und unerfahren sind, habe ich in meinem Buch ,Selbstverteidigung durch PSI' beschrieben.

Sehr sinnvoll ist der Brauch, an dem Ort, wo ein Mensch gewaltsam zu Tode gekommen ist, einen Gottesdienst oder ein Ritual abzuhalten, denn dadurch zerstört man die Gedankenformen, die im Ätherkörper zurückgeblieben sind. Erstens kann sich der Geist in der Meditation auf diesen Brennpunkt konzentrieren. Zweitens werden so die Meditationen mehrerer Personen synchronisiert, was ihre Wirkung erhöht. Es ist nicht leicht, sich in Zeiten von Streß und Schock zu konzentrieren und aus den ewig kreisenden traurigen Gedanken auszubrechen. Aber selbst wenn man eine gewisse Zeit absolut unfähig ist, eine eigene Meditation in Worte zu fassen, kann man zumindest den schon formulierten Worten eines Rituals folgen.

Das nachstehende kleine Ritual mag hilfreich sein, einer Seele, die allzu plötzlich und unvorbereitet aus dem Leben schied, zur Ruhe zu verhelfen und die Herzen der Hinterlassenen zu trösten. Selbst wenn nur ein Angehöriger dieser Zeremonie beiwohnt, sollte er den Text laut lesen und jede angegebene Handlung ausführen. Schweigend ist das Ritual nicht halb so wirksam.

Ist die Zeremonie nicht am Ort des Geschehens möglich, sollte der Vortragende einen persönlichen Gegenstand des Verstorbenen in der Hand halten.

Das Ritual kann auch von einer einzigen Person geleitet werden, aber es ist schöner und wirksamer, wenn zwei Personen einander ergänzen.

Wir nennen sie Ministrant und Lektor.

RITUAL FÜR DIE SEELE; DIE EINES PLÖTZLICHEN UND GEWALTSAMEN TODES GESTORBEN IST

Ministrant: Am Abend wird es Licht.

Lektor: Der Herr ist mein Licht und meine Rettung, vor wem soll ich mich fürchten? Der Herr ist die Kraft meines Lebens, vor wem soll ich mich ängstigen? Wenn Heerscharen sich gegen mich stellen, so soll mein Herz sie nicht fürchten; und so der Feind gegen mich aufsteht, will ich mich zufriedengeben. Ich war ohnmächtig und bin doch gewiß, daß ich die Güte des Herrn sehen werde im Land des ewigen Lebens. Diene dem Herrn und sei fröhlich, er wird dein Herz stärken. Wahrlich, ich sage euch, dienet dem Herrn.

Lied 193: ‚Jesus, der meine Seele liebt ...'

Ministrant: (kniend oder in der sonst gewohnten Stellung des Gebetes) Himmlischer Vater, der uns liebt, sieh unseren Kummer an über den, der von unserer Seite gerissen wurde und gib uns in deiner Barmherzigkeit Kraft und Mut und Zuvertrauen.

Alle: Amen.

Ministrant (erhebt die rechte Hand, wie um Aufmerksamkeit zu erbitten und drückt mit der linken den persönlichen Gegenstand des Verstorbenen an seine Brust) Bitten wir nun unsere/n liebe/n ... (hier wird der volle Name genannt), sie/er möge mit uns den allbarmherzigen Vater aller Menschen anbeten.

(Alle Anwesenden visualisieren den Verstorbenen an der Stelle gegenüber dem Ministranten)

Ministrant: Laßt uns beten.

(Alle kniend in Gebethaltung, den Verstorbenen als mit ihnen betend visualisierend).

Jesus, Sohn der Maria, sei uns gnädig,
Christus, Sohn Gottes, sei uns gnädig,
Jesus, Sohn der Maria, sei uns gnädig.

Ministrant: O Christus, unser Meister und Herr der Liebe, du fühlst mit uns, der du in das Land der Toten herabgestiegen und den gefangenen Seelen gepredigt hast, nimm, wir bitten dich, die Seele unserer/s lieben .. (Name) in deine Hände. Du bist der gute Hirte, suche was verloren ist und bringe die wandernde Seele sicher in deine liebende Obhut.

Alle: Amen

Ministrant: Wir beten gemeinsam das ,Vaterunser'

Alle: Unser Vater ....

Lektor: Jesus spricht: Kommt her zu mir alle, die ihr mühselig und beladen seid, ich will euch erquicken.

Wahrlich, ich sage euch, die Zeit ist nahe, und ist schon da, da die Toten die Stimme des Sohnes Gottes hören werden, und die da hören, werden leben.

Das Volk saß in Finsternis und sah ein großes Licht und um die, die im Tal und Schatten des Todes saßen, wurde es hell.

Ministrant: O Vater des Lichts, in dem weder Dunkel noch Schatten ist, wir bitten dich, sende die Engel deiner Gegenwart, unserem Freund ..(Name) beizustehen, der unvorbereitet durch das Tor des Todes ging, so daß er nicht wie ein verlorenes Schaf deiner Herde herumirren möge, sondern sicher in deinen Schoß gelange.

Alle: Amen

Lied 223:	Höre, meine Seele, höre die rauschenden Chöre der himmlischen Heerscharen
Ministrant:	(kniend oder wie oben)
	Herr, laß deinen Diener in Frieden gehen, wie du gesagt hast, daß er in deine Ruhe eingehe, bis du ihn wieder aussendest in deinem Dienste.
Alle:	Amen
Ministrant:	(Steht auf und macht das Zeichen des Kreuzes über der Stelle, wo der Verstorbene visualisiert worden ist): Gehe hin in Frieden, liebe/r ..(Name), im Namen Gottes.
Lied 300:	Alle preisen den Namen Jesu...
Ministrant:	Der Friede Gottes sei mit uns allen, bis der Morgen dämmert und die Schatten fliehen.
Alle:	Amen.

Wenn die Zeremonie wirken soll, ist folgendes zu beachten: Es muß irgendein Bezug zu dem Verstorbenen hergestellt werden. Es kann der Ort sein, wenn die Zeremonie am Ort des Geschehens abgehalten wird; oder die Zeit, wenn es der Jahrestag des Todes ist; es kann eine magnetische Verbindung sein, wie es der Okkultist nennt, das heißt ein Gegenstand, der zur persönlichen Habe des Verstorbenen gehörte und von ihm magnetisch aufgeladen ist und seit seinem Tod von niemand berührt wurde. Am ehesten wirkt das Ritual, wenn es mindestens zwei Details gibt, die eine Verbindung zu dem Toten herstellen.

Alle Anwesenden sollten den Verstorbenen an der gleichen Stelle visualisieren, wo er gemeinsam mit ihnen dem Ritual folgt und mit ihnen zusammen betet. Dadurch wird eine Gedankenform geschaffen und die Verbindung zu dem Geist des Verstorbenen hergestellt. Eine Materialisation ist nicht vorgesehen, sie ist nicht wünschenswert. Um die Wirksamkeit des Vorgangs zu gewährleisten, ist die Gegenwart des Verstorbenen unumgänglich. Das Visualisieren seiner physischen Form und das gleichzeitige Rufen seines Namens sind die besten Möglichkeiten.

Diese Methode sollte aber nur angewandt werden, wenn man mit einer Seele, die auf der Astralebene herumwandert, in Kontakt kommen will, und dies nur in der Absicht, ihr die Weiterreise zu ermöglichen und den Abschiedsprozeß zu vollenden, den der gewaltsame und unvorbereitete Tod unterbrochen hatte. Sie darf nicht dazu dienen, die Seele wieder und wieder zurückzurufen, nur damit die Hinterbliebenen getröstet werden. Das wäre unverantwortlich, denn es schadet der Seele außerordentlich, in der Irdischen Sphäre zurückgehalten zu werden. Ihr Zustand ist vergleichbar mit dem eines Menschen, der versucht, über ein Gewässer zu springen, nicht den richtigen Absprung gefunden hat und in Schlamm und Schilf des diesseitigen Ufers steckengeblieben ist. Wir machen uns laut rufend bemerkbar, strecken die Hand aus und ziehen ihn an Land; aber nur, um ihm die Chance für einen neuen Versuch zu geben. Klammern wir uns an ihn, vereiteln wir seine Absichten. Wenn er wieder auf festem Grund steht, kann er einen neuen Anlauf wagen und erneut zum Sprung ansetzen. Dieses Mal sollte er es schaffen, das andere Ufer zu erreichen.

Eines muß ganz deutlich gesagt werden: Ein toter Mensch muß, wenn er auf der Reise ins Jenseits ist, unter allen Umständen weiterreisen, bevor die Nacht für ihn hereinbricht. Wenn wir seinen Abschied ungebührlich hinauszögern, weil wir ihn immer wieder auf die Irdische Ebene zurückrufen, setzen wir ihn dem Allerschlimmsten aus, das ihm passieren kann, dem Zustand, den die Okkultisten ‚Tod-im-Leben‘ und die Spiritualisten ‚Erdgebundenheit‘ nennen. Alleingelassen, wird die Seele das jenseitige Ufer erreichen; aber es steht in unserer Macht, den Prozeß zu beschleunigen.

15

DER ADEPT UND DER TOD

Ein Grundsatz des Pfades ist die Heiterkeit. Der Adept stirbt so heiter, wie er gelebt hat. Der Tod birgt keine Schrecken für die Menschen, die die Gewißheit der Reinkarnation durch eigene Erinnerungen an vergangene Leben erfahren haben. Der Adept ist schon viele Male gestorben, der Vorgang ist ihm vertraut. Er hat sich Tag für Tag in die Stille begeben, um im Kontakt mit dem höheren Selbst zu meditieren. Er weiß, daß seine Stunde gekommen ist; er wird das vertrauten Tor passieren, hinter sich schließen und nicht mehr zurückkehren. In den langen Jahren der Ausbildung auf dem Weg zum Adepten hat er im Jenseits Schätze angesammelt. Er sucht sein Ich nicht im Körper, sondern im Geist; der Körper ist für ihn ein Beobachtungsposten, den er sich auf der Irdischen Ebene aufgebaut hat.

Wenn eines von zwei Dingen zutrifft, weiß er, daß seine Zeit gekommen ist: Sein physischer Körper ist keine gebrauchsfähige Maschine mehr. Eine neue Maschine ist daher besser als der Versuch, die alte wieder halbwegs instandzusetzen. Oder er hat seine Aufgabe auf Erden erfüllt und geht weiter, auf eine höhere Ebene. Er nimmt seinen Tod an, ohne Widerrede, denn er weiß, wäre der Ruf nicht vom Allerhöchsten gekommen, könnten ihn weder Tod noch Teufel aus seiner physischen Hülle vertreiben.

Während er auf die körperlichen Prozesse wartet, die ihm das Tor öffnen, sinkt er immer tiefer in die Meditation und versucht, aus seinen Lebenserfahrungen die Quintessenz zu ziehen. Er denkt an die Aufgaben, die das Leben ihm gestellt hat; an das, was er gelernt und an das, was er nicht gemeistert hat. Bevor die Stunde des Abschieds schlägt, versucht er mit letzter Anstrengung, die nicht gemeisterten Aufgaben zu Ende bringen. Bald wird er wissen, ob er seine Aufgabe auf Erden erfüllt hat, oder ob er zurückkehren muß, um seine Arbeit zu vollenden.

Wenn er fühlt, daß der Kreislauf von Tod und Geburt für ihn noch nicht beendet ist, und er auf die Irdische Ebene zurückkommen muß, legt er seine ganze Energie in die Konstruktion des Archetyps einer ätherischen Guß-form, die seinem künftigen Körper Form und dem Schicksal Richtung geben wird, wenn er zurückkehrt. Er bemüht sich, dem Saat-Atom die Erinnerung an die Mysterien einzugravieren, in die er eingeweiht, war und umgibt es mit dem ‚Glanz der Herrlichkeit', der einer eingeweihten Seele eigen ist, wenn sie durch das Tor hinausschreitet, das von oben gesehen das Tor der Geburt, und von unten gesehen das Tor des Todes ist.

Klar und nachdrücklich formuliert der Eingeweihte seine Idealvorstellung, so daß die Seele dieses Ziel direkt ansteuern kann und nicht in der anderen Welt herumirren muß. Er weiß, innerhalb eines Zyklus von drei Leben genießt er absolute Freiheit. Wenn er in diesem Leben die Früchte früherer Taten ernten konnte, wird er im nächsten Leben sein Ziel erreichen. Sobald er die ersten Regungen verspürt, die ihm zeigen. daß er dieses Leben allmählich losläßt, bereitet er sich schon auf das nächste vor.

Für den Adepten gibt es keinen Abschied von seinen Lieben. Er hat längst gelernt, die geistige Essenz jeder Seele zu lieben. Wenn sich die Silberschnur löst und das goldene Gefäß zerbricht, fallen nur die Schranken, die ihn im irdischen Leben gehindert haben, mit jener Eigenschaft, die er bei jedem von ihnen am meisten liebt, zu verschmelzen.

Was ist besser: In physischem Kontakt mit den Seelen zu bleiben, mit denen uns keine Sympathie verbindet, oder sich in Sympathie und vollkommenem Verstehen mit dem wahren, unsterblichen und unzerstörbaren höheren Selbst derer, die wir lieben, zu vereinen? Im ersten Beispiel sind wir wahrhaft getrennt, nicht jedoch im zweiten. Wer höheres Bewußtsein erlangt hat, kann schon in diesem Leben unabhängig vom Körper mit dem anderen kommunizieren, der Tod wird diese Fähigkeit nur erweitern. Solche Menschen werden einander geistig viel näher sein, wenn sie nicht mehr durch die physischen Fesseln gebunden sind.

Wenn für den Adepten die Zeit gekommen ist, will er alle seine Lieben um sich haben, damit sie ihm den Abschied erleichtern und ihn auf den ersten Stationen seiner Reise begleiten. Wer kann, kommt in Gestalt seines physischen Körpers, andere erscheinen in astraler Projektion und die, die ihm durch das große Tor vorausgegangen sind, erwarten ihn an der Schwelle zum jenseitigen Leben.

Man zieht den magischen Kreis um ihn, versiegelt den Kreis an den vier Quadranten mit den Namen der vier mächtigen Erzengel und zündet Kerzen am Kopf- und Fußende an. Alle sitzen in schweigender Meditation, während der Sterbende erneut den Pfad des Rückzugs beschreitet, den Pfad der Symbol-Vision, auf dem er so oft auf seinem Weg zu den Höheren Ebenen gegangen ist. Die Tore schwingen sacht bei seinem Durchgang, und die, die zuschauen, sehen mit ihren geistigen Augen einen Mächtigen, der ihm entgegenkommt und ihn willkommenheißt – es ist der Erzengel seines Ordens.

Um die Gestalt auf dem Bett leuchtet ein Licht wie der letzte Strahl der untergehenden Sonne, mit einem letzten Aufblitzen aus einer dunklen Wolke, selbst für das irdische Auge klar sichtbar. Die Seele des Adepten hat ihre Reise angetreten.

Die Geheimlehre verspricht ihren Adepten, daß sie bei vollem Bewußtsein durch das Tor des Todes gehen und vom Großen Initiator empfangen werden. Es ist das Privileg derer, die den Adepten auf seiner letzten Reise begleiten, daß auch sie auf der Schwelle stehen und einen Blick ins Jenseits werfen dürfen und auf den Pfad, dem sie folgen werden, wenn ihre eigene Stunde gekommen ist.

LIED 193

Jesus, der meine Seele liebt,
nimm mich in deine Arme
so lange die steigenden Wasser rollen,
so lange der Sturm noch tobt.

Verberge mich, Retter, o birg mich,
bis der Sturm des Lebens verebbt,
in den Hafen führe mich sicher
und nimm meine Seele zu dir.

Eine andere Zuflucht habe ich nicht,
meine Seele hängt nur an dir,
erhalte und tröste mich immer noch
und laß mich nicht, laß mich nie.
Vertrauen habe ich nur in dich,
meine Hilfe kommt nur von dir,
bedecke mit deiner Flügel Schatten
mein schutzloses bares Haupt.
Alle Gnade fand ich in dir,
befreit von vergangener Tat,
lasse die heilenden Ströme fließen,
mache mich innerlich rein.
Des Lebens Brunnen bist du allein,
lasse mich trinken von dir,
sei du die Quelle in meinem Herzen
und fließe auf ewig in mir.

LIED 223

Höre, meine Seele, höre die Chöre der himmlischen Heerscharen
über den grünen Feldern der Erde, am wellenschlagenden Ufer
der Meere
wo süß und wahr die gesegneten Töne uns klingen und sagen
von neuem Leben und Schuld vergeben.

Engel Gottes, Engel des Lichts,
empfangen singend die Pilger der Nacht
Weiter gehen wir und hören sie noch singen
'Kommt, müde Seelen, denn Christus bittet euch'
und durch das Dunkel das Echo süß erklingen –
der Heiligen Schrift Musik geleitet uns nach Haus.

Engel Gottes ...
In ferner Weite, wie Frieden läutende Glocken am Abend,
ertönt Jesu Stimme über Land und See
und die Seelen zu tausenden, schwer beladen –
guter Hirte, lenk die müden Schritte dir zu.

Engel Gottes..
Die Ruhe wird kommen, sei auch das Leben mühsam und lang,
der Tag wird dämmern und die dunkle Nacht vergehn,
des Glaubens Reise wird in warmem Willkomm enden
im Himmelreich, dem wahren Heim des Herzens, das ewig wird
bestehn.

Engel Gottes ...
O Engel, haltet treue Wacht und singet uns vor
aus dem Buch der großen Lieder dort oben,
bis in des Morgens Freude trocknen die Tränen der Nacht
und der lange Schatten des Lebens aufbricht in wolkenloser
Liebe.

Engel Gottes ...

LIED 300

Alle preisen die Macht Jesu
die Engel beugen sich ihm;
bringt her die Krone der Könige
und krönt ihn zum Herrscher des Alls.
Krönt ihn, ihr lichten Sterne des Morgens,
der die schwebende Kugel aufhing,
preiset die Kraft von Israels Macht
und krönt ihn zum Herrscher des Alls.
Krönt ihn, die für Gott das Martyerium erlitten
und rufen von seinem Altar,
preiset hoch den Sproß von Jesses Stamm
und krönt ihn Herrscher des Alls.
Preist ihn, Erben von Davids Stamm,
den David ,Herr' genannt,
den Mensch in Gott, den Gott im Mensch
und krönt ihn Herrscher des Alls.
All ihr Liebenden, die nie vergeßt,
was auf Golgatha ist geschehn,
leht ihm zu Füßen, was ihr liebt
und krönt ihn Herrscher des Alls.
Lasset die Völker aller Sprachen
sich vor ihm verneigen
und preist im allen gemeinsamen Lied
den gekrönten Herrscher des Alls.

Dion Fortune

Eigentlich Violet Firth, wurde 1890 in London geboren, wo sie 1946 starb.

Sie gilt heute als eine der führenden Persönlichkeiten des 20. Jahrhunderts auf dem Gebiet der Esoterik. Ihre Bücher zu den verschiedenen Aspekten der „Dinge zwischen Himmel und Erde" erfahren in unserer Zeit eine verdiente Renaissance.

Als sie 1946 starb, hinterließ sie einen esoterischen Kreis, der noch heute nach ihren Erkenntnissen und ihrem Wissen alter und moderner Geheimlehren arbeitet.

Sie studierte Freuds Lehren, wandte sich jedoch später C.G. Jung zu, den sie hoch verehrte. In seinen Schriften fand sie das geheime Wissen, das ihren Anschauungen entsprach.

Jahrelang arbeitete sie in der Medizinisch-Psychlogischen Klinik am Brunswick Square in London, wo sie ihre Kranken auf der Basis von Psychoanalyse therapierte.

Während dieser Tätigkeit kam sie in Kontakt mit Studenten der Theosophischen Gesellschaft, die damals ihre Blütezeit hatte. Von einigen dieser Lehren fühlte sie sich stark angezogen. Sie schätzte die Arbeit von Helana Petrowna Blavatsky, fand jedoch in der östlichen Richtung dieser Gesellschaft nicht das, was sie suchte.

Später trat sie in den „Hermetic Order of the Golden Dawn" (Hermetischer Orden der Goldenen Dämmerung) ein, verließ ihn jedoch nach internen Auseinandersetzungen und gründete 1922 zusammen mit ihrem Ehemann Penny Evans die Society of the Inner Light, die sich mit Kontakten zu höheren Daseinsebenen beschäftigt.

Das sind einige Highlights aus der Biografie einer „Eingeweihten", die zeit ihres Lebens unermüdlich versucht hat, die Wirklichkeit hinter dem äußeren Erscheinungsbild aufzuspüren.

1991 erscheint erstmalig eine Biografie von Dion Fortune.

Dion Fortune's

HANDBUCH FÜR SUCHENDE

enthüllt die vielen kleinen magischen Riten, die jeder von uns ausüben kann, um mit den alltäglichen Problemen des Lebens besser umgehen zu können.

Dion Fortune lehrt diese Dinge nicht wie Kochrezepte, sondern erklärt die okkulten Prinzipien, auf denen sie beruhen, so daß jeder, der sie anwenden möchte, dies mit ‚Verstand' tun kann.

Themen wie Gedankenkraft, Karma, Reinkarnation und Magnetismus in der Weltanschauung einer der bedeutendsten spirituellen Persönlichkeiten des 20. Jahrhunderts.

Aus der Reihe Bewußtsein

DM 19,00
92 Seiten, broschiert

ISBN 3-926374-30-6
Smaragd Verlag

Dion Fortune

DIE SEEPRIESTERIN

Dieser phantastische Roman führt den Leser in die Mythologie der Kelten, das sagenhafte Atlantis und zu einer faszinierenden Frauengestalt: Vivien le Fay Morgan.

Mit den Geheimnissen der Magie vertraut, verwandelt sie sich in ihre Namensschwester, Morgan le Fay, die Seepriesterin von Avalon, Pflegetochter von Merlin, dem Zauberer aus der Artussage. Schauplatz dieser dramatischen Geschichte ist ein einsames Fort an der Küste Cornwalls.

Wilfred Maxwell, ein von Mutter und Schwester gegängelter Junggeselle, verliebt sich in Morgan und folgt ihr auf der Suche nach dem Geheimnis der Magie zu einem alten Kult, wo sie die spirituelle Bedeutung der Magie des Mondes und das Mysterium von Tod und Wiedergeburt erfahren.

Die *Seepriesterin* gehört zu den klassischen spirituellen Werken der Literatur des 20. Jahrhunderts und gilt als einer der schönsten Romane, der je über Magie geschrieben wurde.

250 Seiten, broschiert
DM 25,00
ISBN 3-926374-12-8

Smaragd Verlag

Dion Fortune

MONDMAGIE

Das Geheimnis der Seepriesterin

ist die in sich abgeschlossene Fortsetzung der *Seepriesterin* und führt den Leser tiefer in die Magie und die Geheimnisse des Tantra.

Die Autorin läßt ihn die Mysterien der Mondmagie erfahren, praktiziert von einer geheimnisvollen Frauengestalt – Morgan Le Fay – hier verkörpert durch Lilith, die Ur-Frau – die geheimnisvoll verschwundene Seepriesterin.

Die faszinierende Fortsetzung des ersten Bandes für alle Leser, die sich von der Seepriesterin und ihrem Geheimnis haben bezaubern lassen.

256 Seiten, broschiert
DM 25,00
ISBN 3-926374-21-7

Smaragd Verlag